サイゼリヤ元社長が
おすすめする

図々しさ

リミティングビリーフ　自分の限界を破壊する

堀埜一成
Issei Horino

日経BP

はじめに

要領のいい人、チャレンジャーな人、とんとん拍子で出世している人、特定の分野で活躍している人、事業に成功している人、いつも楽しそうに暮らしている人……。

このような人を見て、あなたはどう思っていますか？

要領のいい人は得だなぁ。諦めない人は強いなぁ。やりたいようにやれている人は幸せだなぁ……。それに比べて、自分は今ひとつぱっとしないなぁ。そんなふうに思うことはないでしょうか？

次に示すことに自分が当てはまるかどうか、一度考えてみてもらえないでしょうか。

・何かに前や上を塞がれているような気がしている。
・目の前の仕事をそつなくこなしているだけだと感じている。

・会社や周囲から、問題児・変わった人と見られるのを避けている。
・良くも悪くも中道を選び、同調圧力に弱い。
・先に見える困難を想像して火中の栗は拾わないようにしている。
・「できなかったらどうしよう」とすぐに考えてしまい、行動できない。
・すぐに「どうせ自分には無理」と思ってしまい、ネガティブな気持ちになる。
・あと一歩踏み出した方がよいと頭では分かっているが、思い切れない。
・一歩前に出たときの成功体験が乏し過ぎて、戸惑い感情が強い。
・誰かに背中を押してほしいと思うけど、説教されるのは嫌だ。

これらに一つでもチェックが入った人は、「リミティングビリーフ（Limiting belief）」に支配されています。リミティングビリーフとは、自分の行動や考え方にブレーキをかけてしまう「思い込み」のことです。

思い込みですから取り払うことができます。リミティングビリーフを取り払う方法、それが「図々しくあること」なのです。

はじめまして、堀埜と申します。2022年8月まで、外食チェーン「サイゼリヤ」の社長を務めていました。私は自分ではあまり自覚していなかったのですが、「堀埜は図々しいやつだ」と思われていたようです。まぁ、少しは強引なところもあるかな、とは思っていたのですが、まさか図々しいと思われているとは知りませんでした。もしかすると、この自覚の無さこそが、まさに図々しさかもしれません。

しかも2021年1月のサイゼリヤの決算発表会で、「ランチがどうのこうのと言われました。ふざけんなよ！」との私のコメントが広く出回ったことで、なおさら気骨者あるいは反骨者の印象を世間の方々に与えてしまったようです。このときは、西村康稔経済再生担当相（当時）がコロナ禍を踏まえて、夜だけでなく「昼間も不要不急の外出を控えていただきたい」と発言したことに対して言ったのです。それをマスコミに取り上げられたのでした。

このようなこともあって、私は生まれつき押しの強い性格だろうと思われがちなのですが、幼少期は引っ込み思案な性格でしたので、後大的に身に付けたものになります。

私自身が意識してきたことは「自分を信じる」、ただそれだけです。それによって、思いがけない結果になったり、ワクワクするような体験をしたりしてきました。もしそれが「図々しい」のだとしたら、私は皆さんに「図々しくあれ」とお勧めしたいです。

本書では、私のこれまでの生き方を「図々しさ」という観点で振り返っています。すべて実体験ですが、まぁ、少しは記憶違いがあるかもしれません。なにしろ物事を自分に都合よく解釈してしまう癖があるので、はたから見れば悲惨だった出来事も、自分ではラッキーなチャンスと捉えているかもしれません。

本書は3部構成です。第1部は幼少期から大学院時代までを振り返る「図々しさの発芽編」、第2部は最初の勤め先である味の素時代をまとめた「図々しさの成熟編」です。第1部と第2部ではトピックごとに、冒頭に「図々しさの要点／リミティングビリーフ破壊のコツ」を整理し、最後に「図々しさの効用」をまとめています。

本書で紹介している「図々しさの要点／リミティングビリーフ破壊のコツ」の一部を

お見せします。もし「これならできそうだ」と思ってもらえることがあれば、採り入れてみてはいかがでしょうか。

第1章

・褒められたことは真に受ける。
・面倒を見てくれる人がいれば、当たり前だと思って遠慮しない。
・アンチをスルーする。
・かなわない相手と同じ土俵には上がらない。

第2章

・先の読めない状況でも楽観的に行動してみる。
・希望があったら言うだけ言ってみる。
・勝手に相手を決め付けたり察し過ぎたりしない。
・可能性を捨てるのではなく、ものは試しに行動してみる。

第3章

・相手の学歴などに遠慮せず、目標を決めたら巻き込む。
・皆でその状況を楽しむ。
・やらないで悶々とするよりも、やってみて失敗から学ぶ。
・周囲への迷惑よりも自分の好奇心や可能性を優先する。

第4章

・前例がなければ自分が前例になる。
・貴重な環境を堪能するために周りとは異なる行動を取る。
・失敗したことでも隠さずに平気で話す。

第5章

・機械化の時代に、まずはアナログが重要だと指摘する。
・問題の原因を究明するまで時間がかかっても諦めない。
・自分の身の振り方を決める際には周りに忖度しない。

そして第3部は、サイゼリヤに転職して社長になるまでを書いた「図々しさによる飛躍編」です。私がサイゼリヤで何をしてきたのか、これまで断片的には取材などで語ってきましたが、ここまで赤裸々に書いたのは初めてのことです。

本書に書いている私の「いいかげん過ぎるやろ！」としかられてしまいそうな生き方をお読みいただければ、「なんだ、そんなんでいいんだ！」と楽しくなってくるでしょう（あるいはあきれるかもしれません）。そして、「なんだ、一歩を踏み出すというのは、簡単なことなんだな」とこれまで身構えていた自分から力みが取れるでしょう。本書によって、あなたの可能性を広げるお手伝いができるとしたら、とてもうれしいことです。

それでは、ここから、図々しく自分の可能性に素直に生きてきた男の物語を楽しんでください。この物語には、あなたの可能性がちりばめられているはずです。

株式会社サイゼリヤ 元社長　堀埜一成

目次

第1部 図々しさの発芽編／幼少期〜大学・大学院時代

第1章 図々しさの芽生え

幼少期

過保護にされる

図々しさの要点／リミティングビリーフ破壊のコツ
・恵まれた環境を当たり前だと受け入れる。
・勧められたことは、ためらわずにやってみる。
・褒められたことは真に受ける。

私は引っ込み思案の子供でした。富山県で生まれ、覚えている限りでは小学校に入る前からそのような性格でした。もしかすると、幼稚園の頃の方が少しは活発だったような記憶もあります。一緒に遊ぶ友達もいませんでしたし、何か言いたいことがあっても自分では言えないので母親に言ってもらっていたほどです。

免疫が弱かったのか病弱でしたので、普段から熱を出しては2～3日寝込んでしまうことの多い子供でした。小学校1年生の頃に扁桃腺の手術をしたのですが、このときには肺炎を併発してしまい、1カ月余り学校を休んでいます。そのようなこともあって、結局小学1年生の時には学校をトータルで3カ月間ほど休んでしまいました。

ツベルクリン反応でも陽転するまでにだいぶん時間のかかる体質だったので、海やプールに行っても一人だけ泳げません。水泳の授業も見ているだけでした。

恵まれた環境を当たり前だと受け入れる

この病弱さに加えて、うちの家系では久しぶりに生まれた男の子だということで、周りから過保護にされていました。病気だけでなく、けがもしないようにと危ない遊びはさせてもらえませんでした。

習い事などでも無理強いはされませんでしたね。例えば幼稚園の頃にオルガンを習わされるのですが、3日でやめています。バイエルの最初の曲で「アリさんとアリさんがごっつんこ～」と歌う『おつかいありさん』という曲を少しだけ習ってやめました。

周りの子たちが上手だったからという情けない理由で母親に「もう行かない」と言ったのですが、「もう少し頑張ってみなさい」などととがめられることはありませんでした。その後も、そろばんと習字を習いに行きましたが、習字もすぐにやめたと思います。ただ、そろばんはしばらく続いたと記憶しています。

食べるものにも気を使われました。ですから、駄菓子なども食べることが許されていませんでしたので、駄菓子屋さんにはこっそりと隠れて行っていました。

父は小松製作所のエンジニアで、転勤の多い人でした。必然的に私も転校が多くなります。今思えば、この転校を重ねたことが、図々しいと言われる性格を身に付けたきっかけだと思います。

最初の転校は小学校5年生の時。富山県から石川県への引っ越しです。この話をすると、「お友達と別れなければならないので寂しかったでしょう」などと言われるのですが、そもそも友達が居ませんでしたから、寂しくありませんでした。

実は富山県にいた時は、私の家柄の問題で周りの子たちが近寄ってこなかったという事情もありました。私の祖母のさらに祖父が市長でした。曾祖父は村長です。つまり、地域の名家だと思われていて近寄りがたかったようです。しかし実際の名家は本家で、我が家は名家でも何でもなかったのですが、そのあたりは混同されたのですね。

また、全く運動をしない子だったことや過保護にされている様子から、「あんな子供っぽい子と遊びたくない」とも言われていました。子供ですから子供っぽいのは当たり前かと思われるかもしれませんが、要するに、周りの子たちよりも幼く見えたのでしょう。

とにかく、小学校の頃の私は人見知りで、友達をつくりたいからと自分から人に声をかけるようなことはありませんでした。ただ、向こうから近づいてくる子を拒むことはありません。そのようなときはすぐに友達になっています。

親に「あんな子とお友達になってはいけません」と言われる

ところが過保護にされていましたから、せっかく近づいてきてくれた友達がいてもその子の家庭が貧しいと、親から「あんな子とお友達になってはいけません」などと言われることがありました。確かにその子たちには乱暴なところもあったのです。

そのため、私の親はそのような家庭の子と付き合うと、けがをしたり、悪いことを覚えたりするようになると心配していたのでしょう。もしかすると、子供の私が気付いていなかっただけで、大人にとって都合の悪いことがあったのかもしれませんが。

ただ、私自身は「別に大丈夫だよ」と思っていましたし、その友達のことは気に入っていました。かといって過保護にされていることも、それはそれで嫌ではありませんでしたので、むしろ過保護にされることを享受していたようです。

ところが石川県の小学校に転校すると、とにかく転校生ということで珍しがられ、周りに子供たちが集まってきます。私の話を聞きたがりますし、「一緒に帰ろう」と声をかけてくれます。私は基本的に「来る者は拒まず」の精神の持ち主でしたから、声をかけてくれる子たちとは、すぐに仲良くなっています。

また、引っ越してからは私の親もその地域の子供たちの家庭の様子を全く知りませんから、もう、誰それと遊んではいけません、などと言うことがなくなりました。ただ、私もまだ小学生でしたから、見知らぬ土地で暮らすことには少し緊張していました。それでも、「なぜ自分だけが転校しなければならないのだろう」などといったネガティブな感情を持ったことはありません。これが当たり前だと思っていました。

このように、転校しなければならない境遇も、過保護にされている境遇も素直に受け入れていましたし、転校したことで家柄に対する偏見などが取り除かれることも素直に受け入れていました。友達が増え始めたことも当然のように受け入れていました。周りの人たちが色々としてくれることを当然と受け止めていましたので、このあたりに図々しさのベースが培われてきていたのだと思います。

勧められたことは、ためらわずにやってみる

石川県の小学校に転校したのは5年生からです。誰も知らない環境に置かれたのですが、特に苦労した記憶はありません。覚えていないだけかもしれません。この頃はだいぶん体も丈夫になっていましたので、新しくできた友達から誘われたスポーツはとりあえずなんでもやってみました。まずは定番のソフトボールですね。これがやってみたら、自分は案外とうまい。運動神経も良いようだ、と感じます。このときにスポーツに対する苦手意識はなくなったのかもしれません。このことが大人になってから大いに役立つことになります。

あるとき、いつも自転車に乗ってやってくる友達が、「小松高校で器械体操の練習をしているから見に行こう」と誘ってきました。高校の体育館に着いて中をのぞいてみると、確かに高校生が部活動で器械体操の練習をしています。「おお、すげぇ」。そんなふうに思っていると、何を思ったのか練習中の高校生たちが「一緒にやってみるか?」と誘ってくれたのです。今ではあり得ないような大らかさと自由さですよね。

褒められたことは真に受ける

友達はもともと興味を持っていたので、すぐさま体育館に上がり込みました。私も迷わず付いていきました。そして教わるとおりにやってみると、前方倒立回転やバク転、バク宙までできるようになりました。それで高校生たちからは「君は筋がいいね。覚えが早い」などと言われたのです。

私は褒め言葉は素直に受け取る人間ですので、やっぱり自分は運動神経が良いのだ、と自信を付けました。それで中学に入ると、その友達と一緒に、すぐさま体操部に入ることになります。

図々しさの効用
・周囲の期待やおだてで自分の可能性を発見できる。
・誘いに乗ることで、面白いことが増える。
・褒められたことを真に受けることで自信を持てる。

中学生

環境が変われば チャンスが転がっている

図々しさの要点／リミティングビリーフ破壊のコツ

・面倒を見てくれる人がいれば、当たり前だと思って遠慮しない。
・得意なことを足掛かりにして脚光を浴びる。
・アンチをスルーする。
・与えられた裁量権を享受する。
・かなわない相手と同じ土俵には上がらない。
・自分の意思を通さなかったことを悔やむ。

中学に進むと同時に体操部に入ると、1学年上の先輩であるキャプテンが色々と面倒を見てくれました。とてもかわいがられたのです。しかし私は、それを当然のことと捉えており、特に何も感じていませんでした。

面倒を見てくれる人がいれば、当たり前だと思って遠慮しない

おまけに同級生にも先輩にも全く萎縮することがありませんでした。一つは小学生の時に高校生から体操を教わったという自信があったためですが、もともと年上だから気を使わなければならないというわきまえといいますか、遠慮する姿勢を持ち合わせていなかったとも言えます。

ですから、キャプテンをはじめとして、先輩たちが「どうしてこんなに面倒見がよいのだろうか」などと考えたこともありません。特にキャプテンとは、2人でもよく遊んでいました。キャプテンの自宅にまで連れて行ってもらえましたから、もはや先輩と後輩、キャプテンと部員というよりは対等な友達の関係でした。もしかしたら、体育会系の部でしたから、「おお、生きのいい新人が入ってくれたぞ」くらいに思ってかわいがってくれていたのかもしれません。

ところがこのように友達や先輩との良好な人間関係を保てたのは、1学期の間だけでした。またもや父の転勤で転校しなければならなくなったのです。さすがにこのときは、親しくなった友達との別れのつらさを感じました。「離ればなれになっても、みんなでオリンピックを目指そうな！」。中学生ながらにもそんな誓いを交わしたものです。

転校した先は大阪の中学校でした。この学校には体操部がありませんでしたが、体育の授業では器械体操が取り入れられていました。ちょうど鉄棒の実習が行われていたのです。

私は体操部だったので、他の生徒たちよりも群を抜いて鉄棒がうまく、他の体操もうまい。先生は常に模範演技者として私を指名しました。新しい動きを教えるたびに、「堀埜、前へ出てきて模範を示せ」と指名されます。

得意なことを足掛かりにして脚光を浴びる

このことで私は一躍、クラス内だけでなく学年中の有名人になってしまいます。私自身は意図していませんでしたが、結果的に私はライバルのいないブルーオーシャンに身を置いてトップに躍り出た格好になっていました。この経験から、環境が変わるときにはチャンスが転がっているもの、と思うようになります。

部活動は陸上部に入っていました。体操部が無かったからでもありますが、このときも友達に誘われて二つ返事で入部したのです。とにかく誘われると受け入れます。陸上部では棒高跳びをやってみたかったのですが、結局一度も挑戦する機会を得られませんでした。実は私は走ることが苦手で、陸上部では一度も褒められたことがありませんでした。それでも特に落ち込むこともなく、「まぁ、こんなものかな?」と思っただけです。

転校してきた直後は教科書の違いから授業についていけなかったのですが、それで慌てて勉強をするようになって、1年生のうちにクラスでトップになりました。その頃は「堀埜、100点!」と言われながらテストの答案用紙を渡されていました。

アンチをスルーする

　このように平和な中学時代でしたが、どんなときにもアンチは居るものです。大阪に転校した当初は言葉に北陸なまりが残っていましたので、そのことをばかにして私をいじめようとした子が現れたのです。ところが私は気にしない。「何言っててんねん」で終わりです。なまりに劣等感など抱きません。私は成績でも体操でもみんなから尊敬されていましたので、むしろ相手をふびんに思っていました。「お前、友達いないのか？」と。

　そのような調子でしたから、学校に行くのが嫌になって家に引きこもるなどあり得ません。それにしても大阪弁というのは強烈な方言です。ことさら努力しなくても、どんどん大阪弁が身に付いてしまいます。もっとも私の大阪弁は完璧ではなく、微妙なアクセントの違いが北陸なまりとして残ったようです。

　中学3年生になると、器械体操部ができます。担当できる先生が赴任してきたためです。すると、またまた友達が「体操部に入ろう」と誘ってきましたので、「おう」と入りました。とにかく誘われれば拒みません。

入部すると、私は器械体操経験者ということで自動的にキャプテンになります。といっても、部員は同学年ばかりで、1年生や2年生は入部してこなかったと記憶しています。ところが部活動が始まると、なんともシャキッとしません。なにしろキャプテンの私が最も不真面目で、いっこうに器械体操をしないからです。

与えられた裁量権を享受する

「今日はバドミントンやろう」。体育館内では隣で活動していたバドミントン部に入り浸っていました。バドミントン部のキャプテンともすっかり仲良しです。器械体操部の顧問の先生はほとんど来ませんので、何をしても自由。部員たちからは「ちゃんと体操の練習やりましょうよ」と言われましたが、「そうだなぁ」などと言葉を濁して今度は卓球をします。卓球部のキャプテンとも仲良しでした。

それにしても、肝心の自分の部に関しては全く真剣味がありません。それでも「たまには跳び箱でもやらなあかんなあ」とも思うのですが、私は跳び箱だけは嫌いでした。床体操が得意だったのです。

やはり堀埜は顧問の先生の監視がなければ遊んでしまう人間なのか、と思われるかもしれませんが、監視の有る無しに関係無く勝手に振る舞っていました。それでは先生がなめられていたのかというと、そのようなことはありません。その先生は皆から怖がられていて、誰も何も言えない相手でした。ただ、私だけはどういう訳か仲が良かったのです。実際怒られることもありませんでしたし。もしかすると、中学生の頃は大人をなめていたのかもしれません。

結局、器械体操部のキャプテンとは言いながら、上達したのはバドミントンや卓球の方でした。かといって、器械体操部をおろそかにしていたことで反省することもありませんでした。それほど体操がうまくなりたいとも思っていませんでしたから。転校前に友達とオリンピックを目指そうと誓い合ったことなど、既にこの頃は「どだい無理」とよく分かっていました。転校してきた時に器械体操部がなかった段階で諦めていたのです。ですから、体操に夢中になる目標が無くなっていました。

このようにいいかげんに過ごしていても、あるいは先生たちに問題視されていても全く反省しなかったのは、自分は楽しくて充実していたからです。

かなわない相手と同じ土俵には上がらない

ところで器械体操部そっちのけで出入りしていた卓球部には、ゴルフがめちゃくちゃ上手な男子がいました。ゴルフが上手なのですが、卓球もカッコいいからと入部していたのです。彼は幼い頃から父親にゴルフを教わっていたそうで、父親は某メーカーの取締役だったようです。彼はゴルフで推薦入学することを目指していました。

その彼に誘われて、ゴルフの打ちっ放しによく行ったものです。さすがに彼の飛距離は素晴らしかった。プロや上級者しか使わないドライビングアイアンという打つのが難しいクラブを使っていました。私は彼ほどうまくはありませんでしたが、小学生の頃に父親が自宅の庭にネットを張ってゴルフが練習できる環境をつくっていましたので、私もおもちゃのゴルフセットで練習していました。そのかいあって、さすがに空振りするようなことはありません。

このようにゴルフも始めたのですが、まだこの当時は、ゴルフが将来役に立つとは全く考えていません。誘われたから始めただけです。それでも、「色々なことを知ったり体験したりしておくことは、いつか何かの役に立つかもしれない」と、漠然と思っていました。

自分の知らないジャンルで優れている友達がいればリスペクトしますし、自分も少しくらいは経験しておこうと考えていました。ただ、あくまでたしなむ程度で、友達を追い抜こうなどという野心や競争心は持っていません。かなわない相手と同じ土俵に上がっても仕方がないと思っていたのです。

「アホか。受かるわけないやろ、やめとき」

いよいよ受験する高校を決めなければならない時期が来て、私は大阪府立大手前高校を受けようと決めます。進路指導面談の時に指導担当の先生に希望高校の名を告げると、「お前、アホか。受かるわけないやろ、やめとき」と即答されます。

それで、先生が受かるだろうと選んだ高校を受験することにあっさりと方針を変えます。本当は、高校に進学するのであれば一番レベルが高いと言われている高校を目指したかったのですが、「あかん」と言われれば、「まぁ、いいか」と思ってしまうのでした。

というのも、「落ちるだろうなぁ」という心当たりがあったためです。それは内申書です。どの科目も5段階評価で「5」か「4」でしたからおおむね成績は良かったのですが、1度だけ評価が「1」だったことがありました。その科目は美術でした。

美術は他の教科のように、テストで客観的な数字による評価がされません。私は授業中の態度が不遜だったのか、たまたま美術の素質がなかったのか、評価に「1」を付けられたことがあったのです。そのことで学校では何かあったようですが、そのあたりの事情は少々ややこしいので、ここでは割愛します。それ以来、美術の評価にはずっと「3」が付けられるようになりました。

自分の意思を通さなかったことを悔やむ

それで受験する公立高校のランクを一つ下げたのですが、結果は不合格でした。やはり内申書が足を引っ張ったのでしょう。私自身もこの結果は予想できていたので、それほど頑張りませんでした。恐らくテストでもケアレスミスが多かったはずです。

しかしこのときに、どうせ落ちるのなら志望校を受けるべきだったとひどく後悔しました。この後悔を繰り返さないために、後に大学受験では志望校で妥協することはしませんでした。それはもう少し後の話になります。

詰まるところ、「やっぱりやるときはやらなあかん。自分の思ったとおりのことをしなければあかん」と強く思うのでした。これは、勉強すればよかったという反省ではなく、どうせやるなら自分の思った方にやるべきだった、という選択に対する反省でした。そうすれば、落ちてもすっきりするじゃないかと。

図々しさの効用

・一つのことができただけで、何でもできると思えてくる。
・面倒を見てくれる人に遠慮しないので、かわいがられる。
・ブルーオーシャンでトップを取れる。
・土俵が異なれば負けていても気にならない。

高校生

志望大学に合格する確率は25％

図々しさの要点／リミティングビリーフ破壊のコツ
・懸賞で釣られるとがぜん頑張る。
・たとえ懸賞で得た高額商品でも躊躇なく受け取る。
・可能性が低くても自分の目指すところに挑戦する。
・平常心を保てれば勝負には勝てると考える。

公立高校の受験で不合格になった結果、私は私立高校に入学します。こちらの受験は楽勝でしたが、最初の中間テストでの成績が200人中の155位という体たらくでした。さすがに自分でも驚きました。勉強などしなくても、この学校なら下位になるとは考えていなかったためです。

「すげえな、この学校」。自分が駄目なのではなく、学校がすごいと思うのは図々しいのですが、学力差がこんなにあるのだと強烈に認識させられます。この学校は中高一貫校で、同学年200人中150人は付属中学からそのまま進級してきており、外部から受験を経て入学した50人は私と同じようにショックを受けていたはずです。

当時から私立ではレベルの高い高校でしたが、今では全国でもトップクラスに位置しています。しかし、私が受験した当時はまだ合格しやすかった。それで楽勝だと油断していたのですが、「さすがにこれはまずい」と思います。

懸賞で釣られるとがぜん頑張る

そう思ったのは私だけではありませんでした。私の母親が期末テストに懸賞をかけ、「50位以内に入れば欧州旅行させたる」と言い出したのです。たまたま届いていたパンフレットに欧州ツアーが紹介されていたのを私が「いいなぁ」と見ていたのです。

155位から一気に50位以内に上がれと言います。この母親は随分とむちゃ振りをする、と思いましたが、ご褒美があるなら頑張らざるを得ない。私は懸賞をかけられた途端にやる気を出し、期末テストでは一気に40位に食い込みました。勉強自体が嫌いだったわけではありませんので、やる気さえ出せばこんなものだと再び調子に乗ります。

この結果を知った母親も、「お前はげんきんな子だね」などとは全く言いませんでした。ところが懸賞が無くなった次のテストでは、再び80位にまで落ちてしまいます。いや、懸賞が無くなったのではなく、魅力的な懸賞では無くなったのでしょう。よく覚えていません。とにかく途端にやる気を無くしてしまいました。

このとき、明確で魅力的なリターンが無いと、自分は頑張れない性格なのだと思い知りました。しかし、やればできるという自信も得られました。

とはいえ200人中の80位ですから、嘆くほどの凋落《ちょうらく》ぶりではありませんが、自分の中では40位からの落差にがっかりしたのです。本当に少しでも手を抜くと簡単に落ちる。それほど周りの生徒は緊張感を維持できていることに驚きました。実際、周りの生徒たちは、見るからに勉強しています。

しかし、「あれほどがむしゃらには勉強したくないな」。勉強以外にもやりたいことがたくさんあるから。実際、猛勉強をしている最中でも友達から麻雀やラグビーなどの誘いがあればいそいそと出かけていました。罪悪感など微塵《みじん》もありません。

たとえ懸賞で得た高額商品でも躊躇なく受け取る

私は懸賞で勝ち取ったツアーで欧州に向かいました。欧州では、日本では全く気にすることがなかったキリスト教の存在感の大きさを目の当たりにします。行く先々の国で教会を訪れ、その建築物や絵画・彫刻の立派さだけでなく、そこに集まってくる人々が真摯に祈る姿や熱狂的にすら見える信仰心に圧倒されました。教会や礼拝堂の内部も静かで厳かです。日本でお寺巡りをしている人たちというと、その多くは物見遊山やパワースポット巡りのまじない的な、どちらかというと観光客としての行動であるのですが、それとは対照的でした。

また、人々の行動に、押しの強さを感じます。あまり譲るということをしません。この10日間ほどのツアーでは、他にも多くの文化の違いを肌で感じられる、貴重な体験をしています。この海外旅行の経験が社会人になってから生きてきます。つまり、海外出張や赴任の指示が出されても、躊躇《ちゅうちょ》なく動けるようになりました。

高校2年生になると、進学校でしたので授業も受験対策中心になっていきます。同時に、様々な模擬試験も始まります。早速2年生の春に私立文科系の模擬試験を受けました。すると、受験者2万人のうち１００位に入っていました。

しかしあまり驚きませんでした。というのも、まだ私の周りの子たちは受けていなかったからです。もっと上級の模擬試験を狙っていたのですね。なので、優秀な彼・彼女らが受けていれば、私の順位は変わっていたでしょう。しかも、学校側からは私が志望する京都大学に合格する確率は25％と示されました。やはり順番的にはそうなるのだな、と納得していました。

そして1年生の頃との大きな違いは、もはや懸賞がなくても真剣に勉強を始めていたことです。「今度は行きたい大学に行くぞ」と。しかも現役で合格するつもりでしたので、「次はないぞ」と自分に言い聞かせていました。

可能性が低くても自分の目指すところに挑戦する

この決意の背景には、翌年から導入される共通一次試験があります。より一発勝負の要素が弱くなるため、何としても共通一次試験が導入される前に現役合格しなければならないと考えていました。ただ、本当に本気モードになるのは3年生になってからです。受験も当時の制度では、国立大学は一期校と二期校に分けられていて、私立は何校か受験できましたが、私は私立では慶應義塾大学だけを含めて3校に絞りました。

さすがの私でも、3年生での受験勉強には拍車がかかりました。そして祈っていたことは、試験で難しい問題が出ることでした。簡単な問題ばかりでは成績上位者に合格者の席を持って行かれてしまうだろうと考えたためです。特に私はケアレスミスが多いので、簡単な問題ばかりでは追いつけないだろうと考えていました。しかし難しい問題であれば、誰も解けないだろう、地力が試されるはずだと。幸いにも、志望校の京都大学は問題が難しいことで定評がありました。

ここで私は、本番でいかに普段の力を出せるようにするかを考え始めます。というのも、私がいた高校から毎年京都大学に行けるのは上位10人ほど。私はどんなに頑張っても平均20位前後ですから、まるで合格ラインに届いていなかったのです。このことが客観的に見えていたので、当たり前の戦略では合格できないぞと、考えていました。勉強は自分が頑張っているのと同様に上位者も頑張るので、どこまでも距離が縮まりません。「実力だけではかなわない」。そこで、メンタルを鍛えておこうと戦略を立てます。

実はこの頃、速読の通信講座にも手を出していました。眼球を速く動かせるようになることで、文章も速く読めるようになる方式です。教材が速く読めれば学習も速くなりますし、試験問題も速く読めます。プラスになるかもしれない、と考えたのです。ところが全く速読ができるようになりません。無理に速く読むと理解ができていません。

平常心を保てれば勝負には勝てると考える

しかし、この速読メソッドから一つだけ得られたことがあります。それは呼吸法です。速読の前に1分間に4回ほどの呼吸をすると、気のせいかもしれないのですが、確かに脳の働きが高まるように感じ、集中力が高まっていきます。脳の働きを高めて集中力を高められるのであれば、この呼吸法の応用範囲は広いはずです。

そこで実際に、試験を受ける際には呼吸法を実践しました。テストが開始されると周りの受験生たちは一斉に氏名を記入し、問題を解き始めます。ところが私は7秒吸って8秒吐くことを4回繰り返すことに貴重な1分間を費やしていました。

すると、確かに落ち着いて冷静になれます。周りの鉛筆の音も気にならなくなります。

この私の様子に、周りの受験生は焦りを感じたはずです。この男は何者なのかと。周りの受験生が私を見て動揺しているかもしれないと想像すると、にやけそうです。

呼吸法を実践したら問題を見渡して、自分ができる問題を探し、解きやすそうな問題から優先順位を付けていきます。このあたりは受験攻略の鉄則ですね。特に物理の試験問題は1問目から誰にも解けそうにない難問が用意されていました。「これぞ京都大学だ！」と思いました。周りの受験生はさぞや焦ったことでしょう。しかし、私は例の呼吸法で腹が据わってきます。つまり、図々しくなる、あるいはふてぶてしくなります。

このように落ち着いてはいましたが、できそうな問題から解答し、余った時間で難問にチャレンジしましたが、全く歯が立ちませんでした。間違いなく正解できたと自信があったのは1問だけです。しかし、同時に周りの受験生は1問目の難問で出鼻をくじかれてしまったはずだという確信がありました。

それで試験終了後の休憩時間に友達たちに感触を聞いてみたら、全員が意気消沈していました。私よりも成績の良かった者たちも自信を失っていました。すべての問題に同じくらい力を入れて取り組んだのでしょう。このような精神状態ではこれ以降の科目でも最高のパフォーマンスは出せないだろうと思えました。

それで私は内心ほくそ笑んでいたのです。狙い通りメンタルで勝てたと。それでも、そのような気持ちはおくびにも出さずに、友達に立ち直るように励ましました。しかし友達はこのショックを引きずり続けてしまいました。

図々しさの効用

・懸賞に釣られて頑張ったことで自信を得る。
・平常心を保つことで勝負に勝つ。
・失敗を引きずらないことで優位に立つ。
・できないことはできないと認めて攻略法を編み出す。
・困難な状況を利用して優位に立つ。

第1部 図々しさの発芽編／幼少期～大学・大学院時代

第2章 図々しさが人生戦略（キャラクター）に

大学のテスト

死ぬまで走ってくれるサンプルを連れてきたら単位をやるよ

図々しさの要点／リミティングビリーフ破壊のコツ
・先の読めない状況でも楽観的に行動してみる。
・希望があったら言うだけ言ってみる。
・勝手に相手を決め付けたり察し過ぎたりしない。
・可能性を捨てるのではなく、ものは試しに行動してみる。

私が京都大学に入学した頃は、まだ大学内に学生運動が残っている時代でした。それによりテストの延期は日常的で、実際1年生前期の試験は延期され、後期試験の延期も発表されたのです。そこで私は、テストが延期されたのなら再開されるまでの期間を有意義に使おうと旅行に出てしまいました。前期のテストは期間がずれ込んだときにかなりまとまった日数が空いてしまったことを覚えていましたので、今回もテストの再開までには時間がかかるだろうと判断したのです。

先の読めない状況でも楽観的に行動してみる

この時代は、携帯電話をはじめとしたモバイル機器がありませんでしたから、ウェブサイトで情報を確認することができません。ひとたび旅に出れば、もはや連絡の方法はなかったのです。旅行の最中は、完全に日常から切り離された日々を過ごしていました。そして、そろそろいいだろうと思って大学に戻ると、なんと既にテストが終わっていたのです。前期ほどの延期はされていなかったのでした。

大失態でした。後期のテストも前期同様の期間で延期されるだろうと都合よく推測し、2週間くらいは大丈夫だろうと踏んでいました。さすがに「しまった」とは思いましたが、どうせもともと試験対策としての勉強などしていませんでしたので、すぐに「まぁいいか」と思いました。何ともいいかげんな、と思われるかもしれませんが、当時の大学生の多くは、テスト勉強などしていませんでした。

ここで私があらかじめ手を打っておいた戦略が効力を発揮します。つまり、私はもともと登録さえしておけば単位をもらえる科目しか選んでいなかったのです。この戦略と、どの科目が登録しておくだけで単位を獲得できるのかについては、代々先輩たちから情報が引き継がれていました。つまり、学びたい科目を選ぶのではなく、単位を得やすい科目を選んでおくのです。

当時の大学は学生運動のせいで講義自体が中止になってしまうこともありました。あるとき、私が受講していた講義に革マル派の連中が4～5人、講義を妨害するために乱入してきたことがありました。ヘルメットをかぶってバンダナのような布で顔半分を覆い隠しているという、例のいでたちですね。

すると一緒に受講していた2人の友達が革マル派の連中に対して「講義の邪魔だ、出て行け！」と立ち向かいました。ただの友達ではありません。アメリカンフットボール部の部員たちです。がたいもいいですから迫力も違います。教授は「またか」といった表情で成り行きを静観していました。

希望があったら言うだけ言ってみる

結局、大事には至らずにことは収まったのですが、なぜか後日になって警察から「供述調書作成の協力依頼」という名目で私も呼び出されたのです。とっさに私の頭にはテレビドラマで刑事が容疑者の取り調べ中にカツ丼を出す、というシーンが浮かびました。ちょうど自分も空腹だったのか、警察に対して「カツ丼を用意してくれるのなら行く」と条件を出したのです。冗談が通じなかったらどうなるのか、などとは考えません。「思ったことは言ってみる」の精神です。

そして警察に行くと、なんと本当に丼物が用意されていました。しかも警察の人は「すまんけど……予算がなくて、カツ丼じゃなくて親子丼になってしまったけど我慢してや」

と言います。この警察の真面目な対応には驚きました。いや、本当に出るんだな、と。当然、親子丼をありがたく頂きながら、警察の質問に答えていきました。同じように事情聴取を受けた友達は「そんなもの出なかったよ」と言うので、少し悪のりし過ぎたかなと思ったことを覚えています。

2回生になると登録しなければならない科目が増えます。私の基本方針はやはり「単位を取りやすい科目から選ぶ」なのですが、それだけでは足りなくなってきますので、どうしても難しそうな科目も含まれてきます。それでもほとんど出席していなくてもテストの結果が良ければ問題はありませんでした。ところが私が2回生の頃から、テストでカンニングの摘発がされるようになったのです。

当たり前だろうと思われるかもしれませんが、当時はカンニングも許容されていた大らかな時代だったのです。それが急に厳しくなり、カンニングが見つかると、全教科が0点にされることになりました。しかも見つかった学生は貼り出されるといいます。世の中が、というより大学内が、真面目な方向に向かっているのだな、という実感がありました。

勝手に相手を決め付けたり察し過ぎたりしない

それで、必須科目の保健体育で試してみることにしました。4回以上欠席すると単位が取れないとされていたので、実際に欠席してみると、本当に単位が取れませんでした。「ああ、確かに世の中は真面目だ」と思います。しかたなく、翌年も受講することになりました。ところが3回生の時にもやはり遊ぶのに忙しくて、欠席してしまいます。

ここで単位を落としたら、来年も受講しなければならない。これはまずい、と思っていたところ、「昔、先生に交渉して単位を取った先輩がいるらしい」という伝説のような噂が耳に入ります。噂であろうとも可能性があるなら試してみる価値はあります。早速担当の先生の研究室を訪ねました。

「先生、欠席が多くなったのはクラブ活動が忙しかったせいなんです。なんとか単位を頂けないでしょうか」。あきれられるかもしれないなぁ、と思っていたところ、「条件がある」と言われてこちらが驚きます。「交渉の余地があるのか！」

「堀埜君、ちょうど酸素吸収速度のデータを取りたいと思っていたところでね。死ぬまで走ってくれるサンプルを連れてきたら単位をやるよ」。なぜか、私にサンプルになれというのではなく、「誰かを連れてこい」と言います。「分かりました。連れてきます！」

可能性を捨てるのではなく、ものは試しに行動してみる

私には心当たりがありました。クラブの先輩です。それでクラブ活動の後に、隣で着替えていた先輩に先生との一部始終をぼやいてみました。「先生も先生なら、引き受けたお前も調子が良すぎるな」などと非難されるかと思っていたら、「いいよ、オレがサンプルになってやろう」と言われて、再び驚きます。

「ほんとですか⁉」。理由を尋ねると、その研究に興味があると言います。私は慌てて先生のところに行き、「サンプルになってくれる人を見つけました！」と報告します。先生は約束通りに単位をくれました。「優、良、可、不可」のうちぎりぎりの「可」でしたが、これでもう保健体育を登録する必要がなくなりました。しかも先輩からは先生と仲良く

なれたと喜ばれましたし、先生は貴重なデータを取ることができました。「なんだ、結局オレのおかげで三方よしではないか」

このとき私は、世の中は自分の判断基準では理解できない世界がある、と知ったのです。ダメ元でやってみる。これが正解だと思いました。俗な言い方をすれば、「言わなきゃ損」ということです。自分で勝手に「駄目だろうなぁ」と決め込んで諦めるのではなく、少しでも可能性があるのなら行動してみる。すると可能性が出てくるかもしれません。

図々しさの効能
・楽観的に行動して失敗しても落ち込まなくなる。
・言うだけ言ってみると、案外と対応してくれる。
・決め付けたり察し過ぎたりしないと、案外とうまくいく。
・正直にお願いすれば、交換条件を引き出せることがある。
・ものは試しに行動してみると、可能性が出てくることがある。

米国逃亡

せっかく与えられた自由を享受できなかった

図々しさの要点／リミティングビリーフ破壊のコツ

・チャンスを逃したら次回は絶対に生かしてみせると決意する。

・チャンスだと思ったら、あまり考えずに飛び込む。

私は京都大学のアメリカンフットボール部に所属していました。夏の合宿は非常にきつくて有名で、屈強な男たちが倒れるほど過酷なトレーニングなのです。そこで2回生のとき、夏の合宿をサボろうと決意します。しかしこのクラブの恐ろしさは、病気で休みたいと言っても家まで呼び出しに来ることです。どこに隠れても見つけ出されて連れて行かれるともっぱらの噂でした。

「国内では逃げられない」。そこで、渡米することにしました。さすがに海外にまで逃亡したのは私が初めてとなります。そこまでして避けたい合宿でした。しかし、単に渡米したのでは、「あいつ、逃げやがった」と後から何をされるか分かりません。そこで、「本場のフットボールを視察してきます」という理由を見つけました。既に欧州には行ったことがあったので、今度は米国に行ってみようと思ったのです。

そこで実際に3週間はカリフォルニア大学バークレー校で英語を学び、もう3週間をホームステイするというプログラムに応募しました。以前、保健体育の単位取得のためにサンプルになってくれた先輩に伝えると、「できたら、足首のテーピングの仕方を教わってきてくれ」と言われます。米国でテーピングの仕方を教えてくれそうな人の当ては全くありませんでしたが、「分かりました」と請け合いました。

米国は「大学生の天国やないか」

米国での宿泊はドミトリーだと言われます。ドミトリーとは学生寮のことでした。しかし学生寮といってても日本でイメージするのとは違い、普通のマンションの一室でした。また、日本の大学での購買部に当たる施設もありましたが、これが桁違いに豪華で、ボーリング場まで備わっていて驚きました。売店では大学オリジナルのカレッジリングやTシャツ、トレーナーなどが売られています。とにかく何もかもがカッコいいのです。「大学生の天国やないか」。

ここで私は、ちゃんと先輩から頼まれたことを忘れずにいました。足首のテーピングの仕方を教わることです。そこでツアーのコーディネーターに当てがないか尋ねてみると、「ホワイト監督に会ってみれば」と言います。

私は驚きました。テーピングの方法を知りたいと言っただけなのに、有名なホワイト監督（当時はカリフォルニア大学バークレー校のアメリカンフットボールの監督）に会えるというのです。私はパニックになりました。嘘だろうと。しかし実際に教えられた通りに訪ねていくと会うことができたのです。米国が自由な国であることを強烈に実感しました。外国から来た若者のために、いとも簡単に立場の差を飛び越えさせてくれるのだ、と。

ホワイト監督に会うために大学に行くと、これといって面倒な手続きはなく、教えられた部屋にはすんなりと行けました。部屋に入ると大企業の社長室のような重厚な調度品が置かれており、その奥の机の向こう側に監督が座っていました。監督は私に、椅子に座るようにと促すと「何かね」と訪ねました。

さすがにこのときは緊張と感動で震える声で、なんとか「足首のテーピングの仕方を教えてほしい」と尋ねたのです。日本からはるばるやってきて有名な監督に対してこの質問はないだろう、もっと他に聞きたいことがあるだろうと思ったのですが、すっかり気持ちが動転してしまい、頭の中は真っ白です。

すると監督は、「私はテーピングの専門家ではないので、トレーナーを紹介しよう」とメモを書いて渡してくれました。ホワイト監督を前に、なんと的外れな会話をしているのだろう、と思いながらも、その場はお礼を伝えて部屋を後にしました。

チャンスを逃したら次回は絶対に生かしてみせると決意する

外に出ると、大きな悔恨の念に襲われます。貴重な機会を棒に振ってしまったと。ホワイト監督にはもっと聞きたいことがたくさんあったはずなのに聞けなかった。せっかく与えられた米国の自由を享受できなかった、と悔しく思うと同時に、次にこのような機会があったら、絶対に無駄にはしないと決意します。

あまりに意気消沈してしまったため、テーピングのことなどどうでもよくなり、結局監督から教えてもらったトレーナーには会いに行きませんでした。帰国後、先輩には情報がなかったとだけ告げました。先輩は私のことを全くとがめませんでしたが、私自身は非常に情けない思いでした。日頃の図々しさを全く発揮できなかったためです。

米国滞在の後半はホームステイで、私ともう1人（A君）の行き先はオハイオ州のキャロルトンという人口3000人ほどの田舎町でした。私の滞在先は牧場を営む家庭です。最寄りの空港に飛行機で到着すると、ホームステイ先の家族が出迎えてくれました。

この家族は、両親と高校生と中学生の息子さんたち2人の4人家族です。特に私と遊んでくれたのは中学生だった弟さんです。弟さんとはフットボールなどをして遊びました。米国男性の多くは、フットボールとバスケットボールをやっています。私の世代であれば、日本の野球に近い存在ですね。

ホームステイ先で遠慮せずに食べていたら「ピギー」と名付けられる

朝食はシリアルとジャムとミルク、昼食は自家製のハンバーガー、そして夜はバーベキューで、ほぼ毎日同じでした。日本の家庭のようなメニューのバリエーションはありません。このとき、私はお腹が空いたら戸棚や冷蔵庫から適当に好きな食品を選んで食べてもいいよ、と言われたので遠慮せずに食べていたのですが、家族の誰よりも私が最も多く食べていたため、「ピギー（piggy）」というあだ名を付けられてしまいました。

驚いたのは、米国人は体格が良い割には小食なことです。牧場で肉体労働をしているにもかかわらず、あまりたくさん食べません。なるほど、限られた食料でも生き延びられるＤＮＡを持っているに違いないと得心しました。私のような日本人は、農耕民族なので常に何か食べていられる文化に適応したに違いありません。これは持論ですが。

このように私は「ピギー」と呼ばれるほどによく食べていましたが、全く気まずさは感じませんでした。むしろ、「何か作ってよ」などと言わずに勝手に食べていることは、料理をさせることなく手を煩わせていないという意味で好感を持たれていたようです。少なくとも私はそのように解釈していました。

食事の量は少ない彼・彼女らですが、間食はします。夕方になるとお兄さんの彼女が来て２人でテレビを見ていることが多かったのですが、その間、バケツのような容器に入ったアイスクリームを食べ続けているのです。半端な量ではありません。「ピギー」の私でさえ無理な量を食べ続けているのです。この様子を見て初めて、マクドナルドになぜ、あんな大きなサイズのシェイクが販売されているのかが分かった気がしました。米国では当たり前に飲み干してしまうサイズだったのです。

結局、彼・彼女らは間食でカロリーを摂取していました。小食なのに大柄な訳です。ただし、父親だけは本当に小食でした。昼間はずっとトラクターに乗っているなどして働いており、間食をしている姿を見ることはありませんでしたから。

チャンスだと思ったら、あまり考えずに飛び込む

米国滞在の前半に大学で英語の授業を受けていましたが、1日2時間程度で残りの時間は遊んでいたので、英語力は高まっていませんでした。ホームステイ先の家族とのコミュニケーションでは、身振り手振りや絵を描いて伝えていました。このような状態であれば本来なら「もっと真面目に勉強しなくては」と思うのかもしれませんが、私の場合は「ああ、私にはセンスがないな」と思っただけです。

あるとき、ホームステイ先のお母さんに誘われて「People to People Program」というホームステイを受け入れている団体の会合に参加しました。どうやら日本からホームステイしている学生を紹介する会だったようで、A君も来ていました。

挨拶をするように言われたので、「ここは私の第二の故郷です」と臆面もなく挨拶しました。まぁ、リップサービスなのですが、これくらいしか言葉が浮かばなかったのです。すると翌日のローカル新聞に「Foreigners Coming」という見出しで大々的に私たち日本人学生が取り上げられていました。集合写真付きです。こうして生まれて初めてのマスコミデビューは米国においてとなりました。

もう一つ米国でのデビューとなったのが、ゴルフコースでのプレーです。日本ではもっぱら打ちっ放しでした。ホームステイ先のお父さんに「ゴルフに行くぞ」と言われて一緒に行きました。弟さんも一緒です。コースに出ることに対して少し構えていましたが、米国では気軽な遊戯なのだと知ります。1.5米ドルで回ることができました。初めてのコースでしたが、日本での打ちっ放しの成果が出て、私のボールが誰よりも遠くへ飛びました。コースが広くてフラットだったことが有利に働き、私のスコアは１０５でした。それでお父さんにはかなり褒められています。

このことで私の中では、「ゴルフって簡単なのだな」と確定します。「練習しなくても問題ないじゃないか」と。そう思えてしまうと、もうそれ以上ゴルフに深入りすることはありませんでした。

これまで色々な人からの親切を割と当然のように受け取ってきましたが、このホームステイ先の家族には本当に親切にしていただけましたし、貴重な体験をさせていただけました。ですから、時折は日本からお礼として色々な品物を送っています。

図々しさの効用

・当てがなくても引き受ければチャンスを得られることもある。
・日本とは異なった風土や習慣を、身をもって体験できる。
・臆面にも出さずにリップサービスすることで歓迎される。

研究と大学院受験

ストーブの上に鍋を置いて、煮物を食べながらの実験

図々しさの要点／リミティングビリーフ破壊のコツ
・隙を見ては遊ぶ。ただし、ポイントは押さえる。
・希望が自分に不相応とは1ミリも考えない。
・攻略法を練ってぎりぎりでも勝負する。

私が在学していた農学部食品工学科（現在は食品生物科学科）は生き物を扱う実験が多いところで、私は酢酸菌というバクテリアの酵素についての卒論を手がけていました。このテーマは、指導教官が用意してくれたのです。「堀埜君は学校に残る人間ではないだろうから、社会に出たときに役立つ実験をさせて上げよう」と考えてくれたのです。このように指導教官が何かと気を配ってくださったのですが、他の学生にも同様に気を配っ

ていたのかは知りません。

実験のテーマは最初にいくつか用意されていて希望者を募るのですが、私の場合は「これでいいでしょう」と言われて決まりました。この実験は教官に言われたとおり、確かに将来大変に役立つことになります。このときはまだ知る由もありませんでしたが、私は卒業後に味の素に入社し、卒論に関連する技術者になるのです。

隙を見ては遊ぶ。ただし、ポイントは押さえる

最初に行った実験は、水への酸素供給速度の測定でした。いまひとつ目的が分かりませんでしたが、とにかく忙しくて体力を消耗する実験でした。ひどい騒音の培養室に閉じこもって1分ごとにサンプリングを行うというきつい実験です。これ以降も少しずつ内容の異なる実験が続き、夜通し作業が続く実験も多くありました。もともと生活は夜型だったので夜に起きていることはきつくなかったのですが、朝の作業がきつかった。

かといって、それほど真剣に取り組んでいたわけでもありません。数人のチームで行っていましたので、ストーブの上に鍋を置いて、煮物を食べながら実験していました。1分ごとのサンプリングが必要な実験はかなりきつかったのですが、2時間に1回のサンプリングでよい実験はのんびりしたものです。

珍しく実験をしていた私を見たドクターやマスターの先輩などは、「頑張っているね」などとねぎらってくれるのですが、実際はかなりサボっていました。そうしたとき、担当してくださった先生が「私の方が大変だった」とぼやいていました。実際深夜の実験である日私が担当すると、翌晩は先生が担当していたのです。当時先生は30代後半か40代だったと思いますし他にも仕事がありましたから、さすがに疲れた顔をされていました。しかし、私が気付かないふりをしていると、先輩が慌てて「そうですよね、先生もお疲れ様です」とフォローするのです。

4回生となり、進路を決めなければならなくなったとき、まだ自分は社会に出る準備ができていないと判断して大学院に進学することを決めます。「社会に出る準備ができていない」とは、要するに「もう少し遊びたい」ということです。あと2年は遊んでみようと思ったのでした。今でこそ理系の大学院への進学率は高いですが、70年代当時はそんなことはなく、進学組は少数派だったのです。しかし、少数派であることに、ましてや動機が遊びたいからだったということに後ろめたさは感じませんでした。

希望が自分に不相応とは1ミリも考えない

さて、大学院に進学することを決めたものの、勉強をしてこなかったのでハードルは決して低くはありません。それで教授に相談してみました。すると研究室の教授も学年担当の教授も、2人とも激怒しました。「君みたいに勉強してこなかったもんが、受かるはずないだろ。京大をなめているのか?」

かなり厳しい言葉を返されたのですが、希望が自分に不相応とは1ミリも考えませんでした。私は高校を選んだときの後悔を思い出していました。自分の決めた方に進もうとしなければ後悔するぞ、と。いえ、それだけではなく、何としてもまだ遊びたい、という思いが強かったのです。

それにしても、教授たちの「なめてるのか」という言葉は私にダメージを与えるどころか、かえってやる気を起こさせました。こうなったら、何が何でも進学してやろう、と。しかし勉強してこなかったのは厳然たる事実です。そのままでは受からないことは歴然としていました。そこで効率よく勉強することを考えます。

攻略法を練ってぎりぎりでも勝負する

まず、成績優秀者からノートを借りました。そして過去問題を手に入れて対策を練ります。専門分野については毎年ほぼ同じ問題が出ているので、「褐変反応」と「脂肪酸の自動酸化」の2つだけ暗記すればいけるだろうと判断しました。私は暗記力には自信があります。このときに暗記した問題を今でも思い出せるくらいです。これで専門知識についてはなんとかなりそうだと手応えを感じました。

しかしドイツ語は小手先の対応では難しく、地力を付けなければならないと感じます。辞書の持ち込みは許可されていましたが、分離動詞や冠詞すら変化するため、簡単には解けないと考えたのです。実際例題に挑戦してみましたが、驚くほどできません。

試験の3カ月ほど前からようやく本格的な受験勉強を始めます。するとこの珍しい努力に天が手を差し伸べてくれたのか——と誠に都合の良い解釈ですが——ドイツ語の試験の和訳問題を見ると見覚えがあります。私の学科の先生が書いたらしき問題でした。きっちり訳せなくても内容が想像できてしまったのです。そのため、かなり解答時間が短縮できました。「やはり私は運が良い」

これで合格したと思えました。そして実際に合格すると、「なめてるのか」と言った研究室の教授は、「アメフトってすごいな」と驚いていました。教授は私がアメリカンフットボールで鍛えられた集中力によって勉強の遅れを挽回できたと思ったようです。

合格すると、途端に勉強をしなくなりました。それでも担当教官の指導により、卒業できたのです。ただ、卒論は万年筆で書かなければならないという意味不明な伝統があったため苦労します。しかも原稿を汚してはいけないため、それこそ1文字書いては吸い取り紙でインクを吸い取りつつ書いていくのです。パソコンで卒論を書ける今どきの学生さんたちには全く想像できないと思います。この伝統は他の学部には無かったようですので、農学部の特殊な伝統だったようです。

このように大学受験の時や大学院進学の時の私の不勉強さをお話しすると、「堀埜さんは天才だから勉強しなくても京都大学や大学院に合格したんですね」と言われますが、私は違うと思っています。誰にでも可能性はあります。多くの人は、自分にリミッターをかけていると思うのです。

図々しさの効用
・先生の好意を引き出すことができる。
・準備時間がなくても勝ち筋を探って勝つことができる。

大学院生
研究に向いていないので海外で働きたい

図々しさの要点／リミティングビリーフ破壊のコツ
・社会人の準備として「遊び」という得意分野を選ぶ。
・やりたいに知恵を巡らし害が出ない程度に行動する。
・大変なときは、遠慮なく人の善意を受ける。

大学院に進むと微生物を扱う研究室であったため、毎日実験するのが当たり前になっていました。この頃になると、私を含めた3人の仲間で「そろそろ就職する覚悟をしておかなければいけないな」といった会話もするようになっています。「しかし、オレたちはこのままでは社会復帰は難しいぞ」。誰とはなく言っていました。そこで導き出された対策が、「ゴルフをしよう」でした。なぜ、この結論に至ったのか思い出せませんが、社会に出たら役立つのではないか、といったいいかげんな理由だったと思います。「それでは勉学に励もう」とはならない仲間たちでした。

社会人の準備として「遊び」という得意分野を選ぶ

ゴルフをしようという結論は、半分は冗談めいていましたが、半ば真剣に出された結論です。なんともふざけた者たちが集まっていましたが、決して社会から脱落はしませんでした。私以外の2人は、1人は兄弟で起業して専務を務め経営は順調のようですし、もう1人はなんと京都大学の教授になっています。それも工学部の非常に難しい学科の教授になっています。私は彼が勉強している姿を一度も見ていません。お互いに遊んでいる姿しか知らなかったのですね。どうやら世の中をなめているくらいの方が、自分にリミッターを付けずに可能性をつかみ取れるのではないかと思えます。

さて、ゴルフをしようと結論が出た以上、授業に出ている場合ではありません。私たちは平日でもゴルフ場に行き、丸一日を費やしていました。比叡山を越えるとすぐに琵琶湖で、その周辺には当時5000円で回り放題のコースがありました。私は下戸でお酒を飲みませんでしたので、常に運転手です。

平日にゴルフをしていたので、当然昼の実験には出られません。それで私は夕方の5時くらいから実験を担当して深夜までやっていました。研究室の仲間とはすれ違いが多く、あまり顔を合わせることがありません。自然と二交代制が出来上がってしまいました。時にはゴルフ場に向かう車の中で教授の顔が浮かんだこともありましたが、どうしても面白い方を選んでしまいます。

このように私は進学を選んだときの目的通りの生活を貫き、社会人になる準備として自分の得意分野を選びました。つまり遊びまくることです。このことは本当に社会人になったときに役立つと考えていました。人付き合いの良さや、色々な経験をしていることが、どのような道を進むにしても必ず役立つだろうと。

私は勉強していませんでしたので、研究者として就職するのは難しいだろうと考えていました。そこで学生の間でも人気があり体裁も良い商社に入れないだろうかと探っていました。実際、アメリカンフットボール仲間のほとんどは商社に就職しています。

ただし、人気があるということは、競争も激しいと言うことです。そこでまず、つてを頼って住友商事に打診をしてもらいました。するとバチェラーなら採用するがマスターは採用しないとの返事が返ってきました。つまり、マスター用の給与体系がないのです。

それで、もっと資格を生かせるところを探した方がよいと言われます。しかし私は研究職ではないところに入ると決めていました。そのようなことを考えていたときに、研究室の教授から「味の素の研究部門はどうだろう」と打診されます。すると、それでは味の素を受けてみようと気が変わります。商社への執着はその程度のものでした。

受けてみようと思った理由の一つは、大学院の2年間を通して「鈴木奨学金」をもらっていたことです（月に2万円でしたが、ほぼゴルフ代に消えていました）。この鈴木奨学金というのは、味の素の創業者一族である三代目鈴木三郎助（当時会長）と味の素株式会社の寄付により設立された奨学金です。2005年からは「味の素奨学会」に名称が変わっています。味の素に入社すれば、この奨学金は返済不要になると勝手に思い込んだのです。ところが入社数年後に、返済しなければならないと分かります。返済が免除されるのは、公的役職に就いた場合だったのです。

もう一つの理由は、この時代、技術系では教授に斡旋《あっせん》された就職先に採用されやすいという事情がありました。「味の素でもいいか」。味の素は大企業でしたが、当時の私にとっての大企業とは商社でした。食品メーカーは大企業だとは考えていませんでした。

採用面接で自分の研究内容を答えられない

そのような軽い気持ちで面接に臨むと、人事部などの面接の後に最終面接があり、研究内容について質問をされます。当然、うまく答えられませんでした。さすがに研究部門の面接で自分の研究内容を答えられないのは致命的です。前代未聞だったのではないでしょうか。遊んでばかりいたことを隠せません。面接官たちは皆失笑していました。

私も「これはまずい」と思い、とっさに、「自分は研究に向いていないので海外で働きたい」と言ったのです。研究部門の面接で「研究はやりたくない」と言えば、落とされそうなものですが、当時はそのようなことは全く考えていません。また、私としては商社で実現させようとしていた海外勤務をぶつけてみたら、ここでも可能性があるのではないかと考えました。

ところがこのとっさに出た「海外で働きたい」という言葉は、面接官たちに相当なインパクトを与えたようです。結果的には採用になりました。もっとも、採用された背景には大学の力もありました。後日知ったのですが、前年に味の素が食品工学の学生を1人落としており、これに対し学校側が相当なクレームを出していたそうです。

企業の研究部門は委託研究などを含めて大学と深いつながりがあります。そのため、味の素としてはこの年に推薦された学生を落とすわけにはいかなかった。その事情を知った上で、「この状況なら遊んでいた堀埜でも採用しないわけにはいかないだろう」と踏んだ教授が押し込んだのだと。

やりたいに知恵を巡らし害が出ない程度に行動する

さて、就職先が決まると、修論の追い込み時期に入った友達たちを尻目に、工学部の友達と米国旅行を企てます。まるで他人ごとですが、自分も同じ状況です。しかし、私の場合は最後の3カ月が勝負だと、卒論の時に味を占めていたので、気にしていません。

ただ、米国に遊びに行くと言ったのでは先生が許してはくれないでしょうから、ちょうど行われることになっていた「カナダの国際学会に出席するため」という理由をこじつけました。この学会で自分たちの研究を発表しようという話もあったのですが、全くデータがまとまらなかったことから断念していたのです。それで、せめて見てきますと。

それなら行ってきなさいと言われて、実際に学会が行われているカナダのトロントまで行きました。しかし遊んでいました。トロント大学には同じ研究室の先輩がいましたので、面倒を見てもらったのです。もちろん「面倒を見てもらう」とは、遊びに連れて行ってもらうことです。車も貸してくれました。「堀埜はどうせ学会に出る気などないのだろう」と。さすが先輩、図星です。

このとき、一緒に行動していた工学部の友達は人工心臓の実験をしていたので、その実験で世界一進んでいると言われたユタ州の名門ブリガムヤング大学（ＢＹＵ）を訪れたいと言っていました。私も、こちらは面白そうだから見に行くことにしました。

ＢＹＵに行き、訪れた理由を述べると、人工心臓で世界一の長寿となっていたヤギを見ることができました。さらに、ちょうど犬に心臓病を発症させる手術を行うので「君たちも来るか？」と言われます。思わぬ誘いに驚きましたが、貴重な体験になると思い、友達と私は言われるままに実験用のエプロンを身に着けて手術室に入りました。そこで衝撃的な光景を目の当たりにします。光景だけでなく、電気メスにより肉が焼けるにおいも強烈に記憶に焼き付きました。

ひょいと外国から見学に立ち寄った学生に、このような貴重な実験の現場を見せるとは、何と懐の広い国なんだろうかと感動します。日本では絶対にあり得ないでしょう。

大変なときは、遠慮なく人の善意を受ける

このように米国旅行を楽しむなどして遊んでしまいましたので、いよいよ修士論文の執筆が厳しい状況になってきます。修士論文は卒業論文よりもより多くの記載が必要になります。もちろん、実験の量も多くなります。「思っていたより厳しくなってきた」。追い込みで一気に仕上げようと考えていたのですが、例の万年筆できれいに仕上げなければならない工程が想像以上の労力となります。

これは作業を分担しなければ間に合わないということで、私が本文を担当して先生が図やグラフ、チャート類の作成を受け持ちました——と、当然のように書いていますが、本来は私の修士論文ですから、私だけで仕上げなければなりません。しかし、「堀埜君、君のは絶対に間に合わないよ」と先生が手を貸してくれたのです。その結果、先生は私の論文につきっきりとなってしまいました。

これだけ迷惑を掛けていたのですが、論文が出来上がった時にはごちそうになりまし

た。よほど私は印象深い教え子となったようです。立木先生という方で、のちに立命館大学の教授となられましたが、既に他界されています。在学中は大変に仲良くしていただきました。今でも感謝の気持ちは忘れていません。

このようにいいかげんな学生だったのですが、皆さん仲良くしてくれましたし親切にしてくれました。

図々しさの効用
・大学院という権威に対してひるまない。
・好き勝手なことをしていても、後ろめたさを感じない。
・貴重な体験を得ることができ、感性を開くことができる。

第2部 図々しさの成熟編／味の素時代

第3章 社会人として図々しさを発揮、出る杭だったのか？

堅物部長の部下時代
「会社にこんなやつがいていいはずがない」

図々しさの要点／リミティングビリーフ破壊のコツ

・相手の学歴などに遠慮せず、目標を決めたら巻き込む。
・「怒られるかもしれない」などと考えず笑いを取る。
・皆でその状況を楽しむ。
・自分のダメな部分を笑い話にしてくれる人たちに感謝する。

私もいよいよ社会人として味の素で働くことになります。川崎にある中央研究所に配属され、独身寮に入居しました。目の前には「シブがき隊」の「ふっくん（布川敏和）」の家があり、近所にはジャイアンツのショートだった河埜和正選手が住んでいました。夕暮れ時になると、窓からは日本鋼管の煙突の炎が見え、都会に出てきたのだなぁ、という感慨がありました。

同期入社の大学の後輩にいつも起こしてもらう

独身寮では部屋を大学別に割り振っていたのか、私の部屋の周りには京都大学と大阪大学の出身者が入居していました。出社も一緒で、寮から会社までは徒歩で15分ほどでした。ただ、私はいつも寝坊してしまうため、大学の後輩がいつも起こしてくれたものです。後輩といっても入社は同期で、彼はバチェラーでしたので2歳年下でした。

なぜ、いつも寝坊してしまうのかというと、毎日夜更かししていたためです。相変わらず次の日のことを考えずに行動していました。

あるとき、出張で部長のセミナーに行くことになります。社外のセミナーで部長が講演することになったのです。それで強制的に申し込まされたわけです。当日は通常の出社よりも遅く出発すれば間に合うので、後輩には起こしに来なくてもいいよと伝えてありました。それで、目が覚めると既に昼だったのです。部長の講演は終わっている時刻でした。

上司と先輩が「有給休暇を取ったことにしておく」と口裏を合わせてくれる

「やってしもうた」。わずか数十人の受講者しかいませんので、誰が来ていなかったかはすぐに分かります。それで観念して会社に電話して事情を話したところ、「それはまずいだろう」ということで、上司と先輩が「君は急きょ歯医者に行かざるを得なくなったので有給休暇を取ったことにしておく」と口裏を合わせてくれると言います。良い上司と先輩に恵まれた、と思いました。常に周りにフォローしてもらえることで助かってきました。私の場合は、社会人になったからといって、特段緊張感を持つことがなかったのです。

そこにきて同じ世代が集まっている独身寮に入ったせいか、ますます学生気分が抜けません。ただ、寮に入ったことのせいにするとしかられそうです。同じ寮に入りながら、社会人としての緊張感を持って真面目に勤めていた人も多かったのですから。

先ほどの講演した部長というのは私とは相性が悪い人で、ことあるごとに私はこの部長にしかられていました。この部長は、私のやることなすことがとにかく気に入らない人でした。堅物と呼べるほど真面目な人でしたので、私のようないいかげんな人間が大嫌いなのです。私の行動が理解できないのですね。会社にこんなやつがいていいはずがない、という態度でした。

あるとき、川崎事業所で川崎工場との合同イベントが行われました。毎年行われている慰労会です。その中で、エンターテインメント大会があり、歌やダンスの部で各部門が競う行事が含まれていました。そこで私が所属していた部門からは私を含めた新人5人が出場することになりました。出るからには優勝を狙います。このようなことになると、がぜん、私のやる気が高揚します。私がリーダーとなり、企画を立てることになりました。

相手の学歴などに遠慮せず、目標を決めたら巻き込む

私は入社試験の時の面談でも「君の長所は何か」と尋ねられて、「リーダーシップです」と答えていましたから、いよいよその力を示すときです。「なぜ、君にはリーダーシップがあると思うのかね？」と質問が続いたときも、「決断力があるためです」と答えていました。ですからこの企画でも、ことごとく私が決めていきます。真面目な会社員なら業務以外のところで活動したり責任を負ったりすることは面倒くさいと思うかもしれません。しかし、私はこういう誰も手を上げないときにこそ、手を上げることで一目置かれるようになるのだと考えていました。

なにしろ誰も決断できないのですから、私の独壇場になります。企画を練っていると、先日テレビで見た映像が浮かんできました。数人で見ていた『ザ・ゴングショー』（The Gong Show）という米国のバラエティー番組で、裸踊りが演じられていたのを見て皆で笑い転げていました。

「よし、俺たちもあれをやろう」。この決断に東京大学出身者などの関西人以外は反対しました。しかし、代案があるわけでもなく誰も決断できないのですから、私が決めてしまいます。東大卒のドクターにも容赦しません。「練習やるから来い」と言ってメンバーを集めました。メンバーは5人で、東大ドクター、マスター、京大マスター、バチェラーそして静岡大学のマスターです。世間的には秀才と言われる人たちですね。

歌は当時流行したシャネルズというボーカルグループの「ランナウェイ」という曲です。そしていよいよ本番です。まず、5人のメンバーが作業着姿でステージに進み、私がボーカル担当として歌い出します。私がボーカルだったのは、特段歌がうまかったわけではなく、皆が嫌がったためです。ただ、友達宅にあったカラオケでよく歌っていましたので、自信はありました。

「怒られるかもしれない」などと考えず笑いを取る

私が歌い出すと、全員が後ろ向きになり、各自が風船を膨らませます。風船が用意できた頃合いを見計らって、彼らが私を取り囲んで観客から見えなくし、その中で私は服を脱いで全裸になります。私が作業服を脱いだころ彼らは広がり、私が再登場となるのです。全裸といっても実際は肌色のタイツを身に着けていて、前はアルミホイルで隠してあります。遠目には全裸に見えるというわけです。

「まさか、裸なのか？」とステージの側まで確認しに来る人たちもいました。女性社員たちも寄ってきました。そして気がつくと全員が同じ格好になり、自分の体を隠すために風船を取り合ったり飛ばしてしまったりする演出が始まります。テレビで見た通りの筋書きです。

案の定、私たちの部門は見事に優勝しました。これまでずっと川崎工場が勝ち続けてきたのですが、始めて中央研究所が勝った瞬間でした。しかし、例の部長から部長室に出頭を命じられて、大目玉を食らいました。筋金入りの堅物です。いや、私が柔らか過ぎるのでしょうか。もちろん、その場ではシュンとしてみせましたが、実際には反省などしていません。一つの企画をやり遂げた充実感はありました。

また、後日談ですが、この合同イベントは翌年から合同ではなくなりました。もしかすると、私たちメンバーの悪のりが原因だったのかもしれません。研究所の恥をさらしたということのようです。

皆でその状況を楽しむ

イベントとしてもう一つ印象的だったのは、私の結婚式です。入社2年目で私が26歳の時でした。今は入社2年目で結婚する人は少ないかもしれませんが、当時は珍しくありませんでした。結婚式はお祝いの場ですから、ゲストは嘘でも新郎新婦のことを褒めるものです。しかし、私の結婚式では、誰一人として私のことを褒めません。

最初の祝辞は大学の教授で、私がいかにひどい学生であったかのエピソードを次から次へと紹介していました。続く助教授も、私がいかに勉強せずに遊びほうけていたかを語ります。後に続く友達も、フォローするどころか悪のりして暴露大会を始める始末。

自分のダメな部分を笑い話にしてくれる人たちに感謝する

それにしても皆楽しそうです。教授たちも本当に愉快そうでした。皆、私のことなら悪く言っても冗談として通じることを知っているのですね。そうは言っても親族は怒るのではないかと思ったら、やはり皆、喜んでいました。

しかし、一人だけ怒っていた人がいます。例の堅物部長です。この人だけはさすがに途中で耐えられなくなったのか、仏頂面で自分の腕を胸の前でクロスさせて私に向かって「×」を出していました。こんなふざけた結婚式があるか、という意思表示ですね。これには苦笑を禁じ得ませんでした。

しかし、式が終わった後も、皆、「君らしい楽しい結婚式だった」と褒めてくれました。確かに私はいいかげんでふざけた面が多いのですが、皆さん好意的に受け取ってくれているのだなぁと改めて思いました。いや、思うようにしました。ポジティブシンキングです。

私も楽しめましたし、家内の親戚の方々も楽しんでくれていたようです。私にとっては思い出深い結婚式となりました。

図々しさの効用
・あっけらかんとやりきることで成果（優勝）を手に入れる。
・与えられたポジションを大いに楽しめる。
・周囲の人たちも遠慮せずに本音をさらして楽しんでくれる。

業務外活動

ゴルフ場と敷地内コーヒーショップで人脈築く

図々しさの要点／リミティングビリーフ破壊のコツ
・体力勝負の戦略を採り、自分の土俵で勝負する。
・要人が参加している会に自分から参加する。
・中央に毎日陣取り、その場の主として存在感を示す。

中央研究所では、基礎研究寄りの部署に配属されました。本来頭脳で勝負する部署でしたが、私にはそのための武器は備わっていないと考えていました。学問の知識がありませんから、そこで勝負するつもりはありません。

体力勝負の戦略を採り、自分の土俵で勝負する

自分に備わっている武器は図々しさと体力だと自覚していたのです。しかも同期入社組の多くは体育会系出身者が多く、周りから「君たちは運動会でもするつもりなのかね」とからかわれることもありました。しかし私は、基礎寄りの研究部署に配属されたことは、むしろ体力を生かせるはずだ、と可能性を感じます。

この部署での私の指導者として東大の博士がいました。そこで、「頭脳は彼に任せればよい、自分は作業をすることで成果を出そう」と考えます。つまり、自分の土俵で勝負すべきだと。その結果、今でしたら問題となるような働き方をします。とにかく夜遅くまで作業を続けたのです。そのため、毎晩守衛さんがパトロールに来て「早く帰ってくださいい」と言っていました。

学生時代は懸賞でもかかっていなければサボっていましたし、テストや卒論なども切羽詰まらないと本気になれなかった私が、この頃は一応社会人には社会人の戦い方があ

ると考えていました。

この部署では、新規の薬を探す部署です。頭脳ではなく体力でできることは、とりあえずは新規物質を探して効果の検証は後回しにすることだと作戦を練ります。真面目にやっていたら潰れると思ったのです。効能がある新薬など、そうそう簡単に見つけられるものではありません。そこで、新規物質だけでも探し出そうとしました。

その結果、新規物質を取り出す方向が見えてきましたが、毒性が強いために薬にならない可能性が高いと予測されました。それでもその方向で作業を進めると、効能が出る系統の物質も分かってきました。その結果、なんとか新規物質を探り当てることができ、戦略どおりに体力勝負で一応の成果を出したのです。

要人が参加している会に自分から参加する

入社1年目の業務成果としては、体力で勝負した新規物質の発見にとどまりましたが、人脈づくりでは大いに実績をつくることができました。大学院時代に、社会に出るための準備と称してゴルフ三昧の日々を送りましたが、いよいよ活用する時です。

昼休みに、課長に質問しました。「この会社ではゴルフのコンペはないのでしょうか？」。課長は新人からこのようなことを質問されたことに驚いたようでしたが、すぐに喜びます。コンペに若い人が参加してほしかったのです。まさか新人がそんなことを言ってくるとは思ってもいなかったのでしょう。

私のゴルフは上達していませんでしたが、実際に参加してみると、20代の参加者に希少価値があると分かりました。つまり、うまい下手はさほど重要ではないと踏んだのです。まさに、大学院時代に想定していた通りの効果があったのです。その意味では、ゴルフをやっていたことは、そうとうに長期的な戦略だったことになります（笑）。

このコンペには専門分野の人たちが集まっていました。本部勤務のお偉方など、普通に業務をこなしているだけではまず会うことができない人たちが参加していたのです。

しかもコンペは年に5～6回開催されており、そのうち上層部の人が参加するのが2回ほどでした。新人で参加しているのは私だけでしたから、とにかく目立ちました。しかも打てば誰よりも飛びますから、なおさら注目されます。

中央に毎日陣取り、その場の主として存在感を示す

一方、研究所内での人脈づくりも進めていました。ここで有効だったのが定点効果です。つまり、いつも同じ所に現れるわけです。私は朝の仕事が始まる前と昼休みは会社の敷地内にあるコーヒーショップで過ごしていました。そして新人のくせに必ず中央のテーブルにどかっと座っていました。

すると、いつも同じ所に同じ人がいるので、すぐに顔を覚えられます。まず、コーヒーショップで働くおばちゃんたちと仲良くなりました。すると色々な情報が入ってくるようになります。彼女たちは所内の事情通なのです。

次に、同期の人たちが集まってくるようになりましたので、例えば同期会の開催などは、この場所で決定されました。当然、私がリーダーとして仕切ることになります。すると今度は上司たちも集まるようになり、人脈が広がり仕事がしやすくなっていきました。

私は担当業務以外の仕事に顔を出したり仕事以外の催し物などで積極的にリーダー役を買って出たりしていましたが、それでは自分の部門で出世する気が全くなかったのかというとそうではありません。むしろ逆です。

当時から私は味の素の社長になるつもりでしたから、自分の業務だけに没頭しているつもりがなかったのです。研究だけをしていても仕方がないと思っていました。新人のくせに社長を目指しているなど、何とふてぶてしいと思われるかもしれませんが、当時は採用面接の場でも、「この会社で将来どのようなことをしたいですか?」と尋ねられたら、「社長になりたいです」と答える学生は多かったのです。そのように答えることでやる気や気概を示したものでした。

いつものように即答し、誘われてバスケット班に

社会人になってから役に立ったスポーツはゴルフだけではありません。例えば入社して間もなく、私はバスケット班に入りました。例によって、恐らく誰かに誘われて入ったと思うのですが、誰だったのか思い出せずにいます。バスケットは体育の授業で体験したくらいだったのですが、いつものように即答で入ったはずです。

入社2年目に九州に異動になりましたが、バスケット班には所属したままでした。このバスケット班で3事業所合同合宿を行うという話が出ました。この合宿の時の思い出に腕相撲があります。3事業所合同でしたので、普段接点のない東海工場の人たちとも知り合えました。そのとき、東海工場の腕自慢の人から腕相撲を挑まれたのです。見れば尋常ではない太さの腕です。

当然、ご自身も東海工場の人たちも、その人の圧勝だと思っていたようなのですが、なんと私が勝ってしまいました。子供の頃から器械体操で腕力は鍛えていましたので、

社会人になってからもその筋肉に衰えはありませんでした。私に挑んだ人は、研究員の頭でっかちに負けたことが相当に悔しかったようです。そのため、翌年はしっかりと対策を練って再び挑戦してきましたので、私は完敗します。

図々しさの効用
・ビハインドから勝つという思考法で効率の良さを発揮する。
・業務にとどまらない人脈を築いて仕事がしやすくなる。
・ポジションを取ることでリーダーシップを発揮する。

九州工場勤務

「そんなアホなこと考える人を初めて見た。面白い」

図々しさの要点／リミティングビリーフ破壊のコツ
・やらないで悶々とするよりも、やってみて失敗から学ぶ。
・ものは試しに相談する。
・周囲への迷惑よりも自分の好奇心や可能性を優先する。

九州工場時代には昼休みにバレーボールと野球にも顔を出していました。これらは特にクラブ活動というのではなく、遊技として行われていました。工場のおじさんに、「昼休みにちょっと来てよ」と誘われたのがバレーボールで、先輩から誘われたのが野球でした。

バレーボールが海外勤務の道につながる

このときは深く考えずに参加していましたが、バレーボールで知り合った人が、後のブラジル行きにつながります。その人の元上司が当時恐らく部長職で、ブラジルへ派遣する人員を決定する権限を持っていたのです。

バレーボールで知り合った人が、私の、人の集まりになじむ早さやタフさ、チャレンジ精神などを見ていたようで、「風変わりな男がいる」と元上司に伝えたようです。もしかすると海外勤務に向いているのではないかと思ったのでしょう、部長は後日私のことを見に来ました。

しかし、そのときは「君は何をしているのかね」と尋ねられただけで、それ以外の話はありませんでした。この人何しに来たのだろうか、私に何の用があったのだろうか、と不思議でしたね。ブラジルへの出向を言い渡されたのはだいぶん後になってからです。

九州工場の実験室で実験しているときに、分析が必要になることがありました。特にアミノ酸を分析する機器が手近にないことで不便を感じていました。しかし、購入するには1000万円以上かかります。上司にも何度か要請したのですが、さすがにこの金額では上司の承諾を得られませんでした。

当時所属していた技術部には既に2台の分析機器があったのですが、離れた所に設置してあり、かつ順番待ちもしなければならなかったので必要なときにすぐに使えない不便さがあったのです。そのため、私たちがいた実験室の皆が、この分析機器を欲しいと思っていました。

やらないで悶々とするよりも、やってみて失敗から学ぶ

私はさすがに予算の獲得は難しいと考え、最低限の機器を購入して後は自分たちで手作りしてしまおうと考えました。大学時代に助教授が機器を組み合わせて使用していたことを思い出したのです。そこで必要な費用を見積もったところ、200万円あればな

んとかなりそうだと判断しました。

この計画を1000万円の分析機器を製造・販売しているメーカーに相談したところ、「そんな面倒なことをせずに1000万円の機器を買ってください」と言われるかと思ったのですが、「そんなアホなこと考える人を初めて見た。面白い」と言って、担当エンジニアの人がボランティアで手伝ってくれると言います。

それで、この分析機器手作りプロジェクトは、私をリーダーに、新人の女性社員とメーカーのエンジニアの3人で進めることになりました。まずは上司を説得して200万円を調達しました。本来なら1000万円かかる分析機器が200万円で手に入るならお得だと考えたのかどうかは分かりません。とにかく200万円で必要な機器を購入し、組み立て始めました。

ところがこれが一筋縄ではいかず、3人とも毎日夜遅くまで機器との格闘になってしまいました。といっても戦力になるのはメーカーのエンジニアだけで、私と新人女性社員はほとんど役に立たず、横で見ているしかない状態でした。このエンジニアが参加していなければ、プロジェクトは初日で頓挫していたかもしれません。

ものは試しに相談する

ところがある程度組み上がった段階で、機器を載せるラックが必要であることに気付きます。しかし既にラックを購入する予算がありません。そこでものは試しにと工務部の人に相談してみました。すると「任せておけ」とありがたい返事をしてくれました。「相談しても断られるだろうな」と自分で勝手にリミティングビリーフを持ってはいけません。言ってみれば大抵のことはなんとかなるものです。なんとかならないときというのは、自ら可能性に制限をかけてしまっているのです。

そしてなんとか工務部の人がラックを作ってくれました。私たち3人は達成感に満たされましたが、周りからはひどく不評でした。というのも、ラックが鉄製の机を組み上げた戦車のようになっており、あまりの重さで床がたわんだのです。しかも、使い勝手がとても悪い。コンピューターを使わずに自分たちで測定しなければならないなど、大変に手間がかかるのです。

「これが800万円の差か」。結局この手製の分析機器は誰も使わなくなりました。このとき、上層部からは200万円も無駄にしたのかとは責められませんでした。むしろ逆の反応がありました。それほど欲しいのなら買うと言ってくれて、実際に1000万円の分析機器を購入してくれたのです。

従って、200万円をかけた努力は無駄にはなりませんでした。ただ、面と向かっては言われませんでしたけれども、200万円とすさまじい労力が無駄になったと言われていたようです。とはいえ、結局実験室の皆も1000万円の分析機器を使えるようになりましたので、便利になりました。

後日談になりますが、プロジェクトに参加していた当時の新人女性社員は、後々、分析のスペシャリストになります。

周囲への迷惑よりも自分の好奇心や可能性を優先する

私自身はその後もばかげた投資を行っていました。私たち技術屋は、農芸化学会という学会に参加することが慣例になっていました。私はその学会で、普通の顕微鏡では絶対に見ることができない遺伝子の動きを見ることができる装置があることを知ります。

試薬を遺伝子に付けると発光し、本来より巨大に見えるようになる原理です。なるほど遺伝子が格段に観察しやすくなります。光学顕微鏡の限界が1000倍ですので、遺伝子は電子顕微鏡でなければ観察できません。ところがこの装置で発光させることができれば、光学顕微鏡でも動いているところを観察できます。

そこで、200万円ほどをかけて撮影もできるこの顕微鏡設備を購入しましたが、誰も遺伝子を見ることはありませんでした。実は蛍光を出すための試薬が数十万円もすることが判明し、さすがに買えなかったのです。設備投資は数千万円の単位の予算を組めるのですが、試薬購入の予算は100万円単位と制約がありました。そのうちの数十万円をこの試薬だけに使うことができなかったのです。しかし、このときもおとがめはありませんでした。一部でばかな買い物しているな、と言われていた気はします。

ここでお断りしておきますが、このような無駄な投資をしてしまうのは味の素の社風ではありませんし、研究関係者の傾向でもありません。私個人の傾向です。

図々しさの効用

・一見無駄な投資が技術的な基礎力や知見を高める。
・失敗でも良い経験をしたと評価するとプラス思考に変われる。
・失敗することで成功への絞り込みができる。

第2部 図々しさの成熟編／味の素時代

第4章 地球の裏側ブラジルで、図々しさが身を助ける

ブラジル赴任

堀埜さんのポルトガル語は全く通じていません

図々しさの要点／リミティングビリーフ破壊のコツ
・語学習得には外国で危険だと言われている店に通う。
・何事も自分で試してみる。
・前例がなければ自分が前例になる。

いよいよブラジル赴任が決まります。肩書きは副部長でした。ブラジルでの公用語はポルトガル語ですので、赴任前に日本でポルトガル語の個人レッスンを受けました。トータルで40時間、相当な金額を投じてもらったことになります。しかし、残念ながら色の呼び方を覚えた程度で上達しませんでした。たしか「赤＝ベルメーリョ、青＝アズール、黄色＝アマレッロ、緑＝ベルデ」くらいは覚えたので、1色の呼び方を覚えるのに

10万円くらいかかってしまったかもしれません。しかも、なぜ、これらの色だけを覚えたのか自分でも謎です。

「ブラジルに行けばなんとかなるだろう」と思っていた

そうこうするうちにブラジル赴任の日が刻々と近づいてくるのですが、私には全く焦りがありません。「現地に行けばなんとかなるだろう」。そう思っていたのです。このように楽観的な心構えではポルトガル語が身に付くはずがありません。この楽観の根拠は、学生時代に欧州や米国に行ったときに、さほど英語が話せなくてもなんとかなってしまったという体験がありました。

そしていよいよ現地に赴き、まずは工場の現場を回って就任の挨拶をしました。「ここはやはり好印象を得るためにも、頑張って現地の言葉で挨拶すべきだな」。そう思った私は、辞書を片手にポルトガル語で挨拶しました。気の利いたジョークも交えて話してみましたが、皆反応がありません。何かを待っている様子です。

「あれ、ここで笑いが起こるはずなんだが」。すると隣に控えていた日系の通訳の人が私にそっと「挨拶は日本語でお願いします」と言います。なぜかと問うと、「堀埜さんのポルトガル語は全く通じていません」と言います。皆は私が日本語で挨拶していると思い、通訳されるのを待っていたのでした。

後で分かったのですが、私のポルトガル語はポルトガルの国の言葉であって、ブラジルのポルトガル語ではなかったのです。同じポルトガル語なのに、単語も全く異なるのです。

一瞬「え？」と思いましたが、慌てることはありません。トンチンカンな言葉を話していた可能性もありますが、皆日本語だと思っているので恥ずかしがる必要もありません。普通の人なら顔から火が出るような恥ずかしさと気まずさと、混乱に襲われたかもしれませんが、私の場合はかえって緊張感がほぐれました。一応は緊張していたのですね。根っからの人見知りである性格が、案外と残っているものなのです。

しかし、どうせ通じていないなら問題ない、と気持ちを切り替えてその週に演劇を観に行きました。誘われたのです。ところが役者さんたちの台詞が全く理解できません。話すだけでなく、ヒアリングもまた全くなっていなかったのです。これはさすがにまずい、と思い、まずは話せるようになろうとようやく言葉を習得することへの意欲が湧きます。とはいえ、ポルトガル語の文法は複雑で、ネーティブでも正しく話せないといいます。それならば、外国人の私は相当アバウトでも許されるだろうと思いました。

語学習得には外国で危険だと言われている店に通う

とにかく単語を並べるだけでも実践しようと、平日はできるだけ現地の幹部と話すようにしました。そして休日は飲み屋に行きました。私は下戸ですが、飲み屋は言葉の練習に適していると踏んだのです。それも、日本人出向者が集まるような店では外国人として特別扱いされるので真剣味が薄れるだろうと考えました。そのような店では客に合わせて日本語を話そうとするためです。

それで、「危険だから日本人は行くな」と言われているような場末の店を選んで行きました。ただし日系人が営んでいる店を選びました。すると案の定、そのような店では通っているうちに友達として扱ってくれるようになります。それで地元の客たちが、「次に来るときはノートを持ってこい」というので持参したところ、アルファベットの書き方から教えてくれるようになりました。

会社では従業員から発音を直させられました。しかしいまだに「J」の発音がうまくできません。これは英語でも同じですが、どうしても余計な母音が入ってしまいます。うまく発音できたと思っても、従業員たちからは駄目出しされていました。なぜ発音できないのか。実は正確に聞き取れていなかったのです。聞き取れていない音は自分でも再現できません。

何事も自分で試してみる

工場では昼休みにアルバイトの高校生たちが言葉を教えてくれました。面白がっていたようです。アルバイトはほとんど女性でした。他の日本人たちは現地の人たちに話しかけられることを面倒に思っていたのか常に日本人同士で集まっていましたが、私は一人でいましたし、現地の人に話しかけられることが嫌ではなかったので、自然と周りにアルバイトの子たちが集まってきました。日本人に興味津々なわけです。

そうです、新人の頃にコーヒーショップの真ん中のテーブルに座っていたときと同じ現象が起きていたのですね。このとき、日本にいたときにやってはいけないと注意されていた宗教論争にも挑戦してみました。これだけはけんかになるからやめろと言われていました。しかし、何事も自分で試してみたいですし、どうなるかという好奇心が旺盛なのです。何より面白そうです。

するとやはりといいますか、神の話は結局のところ、究極原因の話になります。私たち科学者にとってはビッグバンの話ですね。もっともこの手の高度な話になるとどこまで通じていたのか分かりません。まぁ、なんとなくは通じていたようだと思っていました。

結局、けんかにはなりませんでしたが、「それなら科学者ならこれはどう説明するのか。神がいないのならどういうことなのか」といった質問は投げかけられました。それでも和気あいあいと遊んでいた感じです。私が外国人なので、彼女たちとしては先生になったつもりで色々と教えてくれました。ちなみに彼女たちのほとんどは敬虔《けいけん》なカトリック教徒です。ブラジルには多いのですね。

前例がなければ自分が前例になる

今は分かりませんが当時のブラジル勤務では有給休暇の制度がありませんでしたから、自分で勝手に作っていました。たまに上司から小言を言われることもありましたけれども、もともと制度がありませんから、言ったもん勝ちです。前例もありませんでしたが、やるべきことをさっさと終わらせていますから、認めざるを得ないのです。このようにして、1週間程度のまとまった休みをしょっちゅうつくり出していました。前例がないことはやったもん勝ちなのです。

自分の部下たちに対しては、自分が休みを取ることを当然の権利であるかのように伝えていました。とはいえ、彼・彼女らにとっても私が休むことは都合が良かったので歓迎されました。これは、うるさい監督が不在になるからではなく、仕事を止める邪魔な上司が不在になることで、仕事がはかどるためです。私は何か分からないことがあると「ちょっと教えてもらえないかな？」と頻繁に質問するので、仕事が止まってしまうのです。

図々しさの効用
・話しかけてくる人に耳を傾けるので、言葉を教えてもらえる。
・自分が前例になって行動すれば、期待通りの結果を出せる。

超インフレ

買い物がギャンブルと化す混沌を楽しむ

図々しさの要点／リミティングビリーフのコツ

・予測困難な状況を、ギャンブルとして楽しむ。

・誰も触れたがらない慣習でも忖度せずにメスを入れる。

ブラジルではすさまじいインフレを経験しました。1980年代後半のことです。このインフレは、国民も常にインフレ率の計算をしていないと生活が立ちゆかなくなる状況でした。なにしろ最高でインフレ率が月に80％、年率で2000％です。つまり、給料を手にしたらすぐに使ってしまわないと、1カ月後にはおよそ半分の価値になってしまいます。

すさまじいインフレで、瞬く間に値段が倍になってしまう

実際にブラジルの人は給料を手にするとすぐに現金を使ってしまおうとするので、給料日のたびにスーパーマーケットが大行列になります。すぐに買っておかないと、瞬く間に値段が倍になってしまうためです。値段は毎日書きかえられていきます。

しかも2度のデノミネーションが行われましたので、金額が3桁ずつ切り下げられて、通貨の価値はトータルで100万分の1にまで下がります。デザインは同じですが桁数が変えられた新しい通貨ができると、その都度呼び方が変わります。既に流通していた通貨も使用できます。例えば同じ価値でも古い通貨では1000円であるところに新しい通貨では100万円になります。それで両者の価値が同じになります。デノミネーションのたびに通貨の単位もクルゼイロからクルザードになり、再びクルゼイロになり、その後レアルになっていきます。

私たちのような外国人出向者は給料を得ると多くは預金します。すると1カ月後には

現金の価値が半減しているときに、預金の価値は高まっていたのです。ただ、現地の人たちには銀行口座を持っていない人が多かったので、スーパーに並んだり札束で膨れ上がったカバンを持って歩いたりすることになったのです。

ところが銀行に預けておいた人たちも、高い利率に喜んでいられなくなります。預金封鎖が起きたためです。完全な封鎖ではありませんでしたが、封鎖中は最大1000ドルまでしか引き出せなくなってしまったのです。当時車は1台2万ドルでしたから、現在の日本人の感覚ですと10万~20万円くらいしか下ろせなくなった感覚でしょうか。つまり、2年間の預金封鎖が行われてしまうと、その間10万~20万円しか引き出せないことになります。

私たち日本からの出向組は、リスク回避のために闇ドルと呼ばれるドルを買っておくことと、預金の一部をニューヨークの口座に移していました。そして2年後に預金封鎖が解除されると、インフレで修正された金額が分割で返却されていたようです。つまり、政府が実質よりも低いインフレ率を設定・発表すれば、政府はもうかるわけですね。しかし、本当にどれだけ低めに発表されたのかは誰にも分かりませんでした。

予測困難な状況を、ギャンブルとして楽しむ

面白かったのは、預金封鎖が始まると、預金を買い取る業者が出てきたことです。例えば1万レアルの封鎖された預金をすぐに現金にしたい人は、買い取り業者に1万レアルの預金を売るのです。すると業者は現金8000レアルで買い取るのですね。為替の割引と同様です。色々な商売があるものです。この業者たちは金融業者なのか、無資格の業者なのか分かりませんでした。とにかく混沌としていましたから。私たちも闇ドルを買う場合は日系ホテル内にある宝石店で買っていました。

また、ドルに換金する闇市の交換レートは、毎日新聞に記載されていました。もはや闇でもなんでもなく、これがなければ経済が成り立たない状況で、その交換レートはオフィシャルレートと乖離《かいり》していきました。このような状況では錬金術が生まれます。実際、私たち日本からの出向者は、会社から米ドルを借りられる制度がありました。例え

ば１００米ドルを会社から借りて現地通貨にオフィシャルレートで交換します。その現地通貨を闇レートが上がっている時にドルに戻すと２００米ドルになるのです。そのうち１００米ドルを会社に返済すれば、１００米ドルが手元に残るわけです。

また、お店でも頭のいい人たちは色々な手を使って稼ごうとします。例えばインフレ率が10％以下だったとき、商品の買い方を2択用意するのです。カード決済の30％オフで買うか3回分割・金利無しを選べるようにします。インフレ率や金利がどのように動くか分からない中で、複利計算がベースになるのでもはやどちらが得なのか計算できません。私はギャンブルとして楽しんでいました。

インフレで利益が消える

会社の数値でも色々と分からないことが起きていました。決算で利益が消えてしまうのです。インフレ率がそこそこのときでさえ、この現象を説明できる人はいませんでした。例えば期の計算をまとめると3億円の利益が出ていなければならないはずが、締めてみたら全く無くなっていました。このことに日本側が気付き大騒ぎになります。

そこでちょうど出向してきていた経理の人たちが「USギャップ」という方法を採用しました。現地通貨で計算し続ける方法と、現地通貨を毎月ドルに置き換えて計算し続ける方法を併用するのです。すると減り具合が見えてきます。しかしこのあたりの事情は日本の人たちには理解できません。体験してみないと分からない世界です。当時は半期決算もなく、1年間で1度しか決算期が来ません。それで1年間放置された状態になるのです。

ところがレポートは毎月ドル換算で送られていましたから、それらを積み上げて3億円の利益が出ているように見えます。ところが締めてみると何もない。ブラジルは世界一のコスト競争力があると言われていましたが、高インフレのことを誰も理解できていませんでした。利益も価値がなくなるのだということです。

ブラジルから輸出していたのは主に欧米向けでしたので売り上げはドルで入ってきま

すが、国内に入った時点で現地通貨に換算されます。外貨預金が認められていませんでしたし、現地で仕入れや経費、賃金などの支払いのためにも現地通貨に換金する必要があるためです。

誰も触れたがらない慣習でも忖度せずにメスを入れる

このような状況で私は、工場のP／Lをじっくりと見てみると人件費が異常に上昇していることに気付きました。最初は毎月改定されている賃金が悪さをしているのかと思いましたが、違いました。ボーナスの積み立てと前借りシステムが悪さをしていたのです。前借りシステムとは、ボーナスを半額まで前借りできる仕組みです。この仕組みのせいで、ボーナスを2度払っていることになっていました。

つまり、ボーナスを先に半分前借りします。残った半額は半年でインフレにより100％増えて貸した分が戻っています。つまり、前借り前の状態に戻っているのです。その金額が残りのボーナスとして支払われるということです。実際には1000％を超えたりしていましたから、とんでもない金額を払っていたのです。

このことを皆は知っていたのですが、私が見つけ出すまで黙っていました。それで私が気付くとどの従業員も「ああ、見つかってしまった」と残念がっていました。それで前借り制度や積立制度を廃止するように提案しましたが、工場長判断でほっておくことになりました。「それくらい見逃そう。もともと給与が安いから」。ただ、この部分はよく注意して見るという習慣が残りました。

結局この一件は、私のP／Lを見る力を大きく進歩させただけでした。他の人たちは誰もこの問題に取り組まなかったのです。

図々しさの効用
・インフレ率の変動への対処方法が身に付く。
・矛盾を徹底的に調べることで本質を見抜く能力を高められる。

南米旅行

どうしてもバスでアンデス山脈を越えてみたかった

図々しさの要点／リミティングビリーフ破壊のコツ
・貴重な環境を堪能するために周りとは異なる行動を取る。
・失敗したことでも隠さずに平気で話す。

ブラジル出向中は色々なところに旅行しました。しかし、日本人を相手にしているパッケージツアーでは、いかにも、といったありふれた観光名所へしか行けません。これではつまらないと思いました。せっかくブラジルで働いているのですから、日本から来た観光客が行かないような所にも行ってみたいと思ったのです。

そこで日本人が経営している小さな旅行会社に依頼して、個人用のルートを作ってもらい、途中から普通のツアーに合流する方法を採りました。この方法であれば、値段は安く抑えたままで、普通の日本人が行かないようなディープな旅行ができるはずです。その結果、電車やバスを多用するために時間がかかり、言葉が全く通じない所もありましたが、危険な所さえ避けて行動すれば、なんとかなりました。

あっさりと協力してくれた。頼んでみるものですね

このような旅行を重ねて希望をかなえるには、多くの無駄も発生することを身をもって学びます。多くの無駄とは、う回路や寄り道ですね。普通のパッケージであれば、目的の観光地には最短ルートを選びます。例えばチリ観光に行くなら、飛行機でチリまで一足飛びです。しかし私は、どうしてもバスでアンデス山脈を越えてみたかったのです。頂上の国境を越える瞬間を体験してみたかった。

しかしそんなツアーはどの旅行会社も用意していませんし組んでもくれません。それで融通の利きそうな小さな旅行会社に個人的に依頼したのです。駄目かな、と思いまし

たが、あっさりと協力してくれました。頼んでみるものですね。

しかも特別料金がかかるどころか、飛行機を使わないので割安になりました。まぁ、仲良くなっていたからというのもあります。なにしろ「ちょっと用事があるから代わりに見ておいてくれる？」といった店番的なことを頼まれるほどでした。

貴重な環境を堪能するために周りとは異なる行動を取る

ところでこのアンデス越えのときには、バスですから移動にも時間がかかりましたが、国境越えの順番待ちも随分とかかりました。また、アンデスの山には当然雪があるのですが、雪合戦はできないことを体験します。雪が文字通りのパウダースノーで固まらないのです。丸めて投げても粉をまいている状態になります。

また、ペルーに行こうとしたのですが、当時はゲリラが活発に活動している時期でしたので断念しました。チチカカ湖にボリビア側から行こうとしていたのです。ボリビアには三葉虫の化石がたくさん出るので、それらを採取するツアーを組みました。ところがどこで採取できるか分からない。適当な牧場に連れて行かれたのですがさっぱり分かりません。

チリのアタカマ砂漠にも行きました。ここは日本からは絶対に行けないところです。なにしろジープ型の車で2~3時間走らないとたどり着けません。さすがにつらかったですね。しかし超高級ホテルがあって、ちゃんとプールまであります。それで、砂漠でプールというのも一興ですから入ってみました。すると、あまりにも水が冷たくて死にそうになりました。気化熱で冷えていたのです。砂漠というと何もかもが暑いイメージでしたから衝撃的でした。そこで日当たりがよく水がぬるくなっているところを狙って入りました。

チリでは有名な世界最大の露天掘りが行われているチュキカマタ銅山にも行きました。ここはブラジル在住の日本人向けのツアーです。あまりの巨大さで遠近感が狂います。向こうから小さなトラックが来るな、と思っていたら、近づくにつれてみるみる巨大化し、タイヤだけでも身長の3倍ほどもあるトラックだったのです。あまりの巨大さに世界観が変わりました。

失敗したことでも隠さずに平気で話す

海外に赴任していると、日本国内では会えないような会社の偉い人に会える機会が増えます。場合によっては直接お会いしたり会話を交わす機会にも恵まれたりします。私の赴任中には、技術系最高責任者である副社長がブラジルを訪れました。それで私は、せっかく副社長が来られるのだから、サプライズを用意しようと企画します。副社長は間違いなく車で来られるので、敷地に入って最初に目に入る野原にひまわりを植えて、野原一面が満開のひまわりで黄色く染まった状態で迎えようと画策します。

ところがこの企ては大失敗に終わりました。花が少ししか咲かなかったのです。雑草に負けたのですね。それで私が農場をご案内する機会がありましたので、正直に失敗したことをお話ししたら、副社長は笑ってくれました。「それは耕さなかったからだよ」。副社長は農業の経験者でしたので、「それは常識だよ」ととても愉快そうに話されました。

やがて川が見えてきましたので、「この川は私の漁場です」とよく投網をしていることをお話ししました。「現地の人に教えてもらったんですよ」と言うと、「投網なら私も得意だよ。私も日本でよくやっていたからね。投網のことなら私に聞いてくれ」と、これもまた楽しそうに語られました。このような話をしながら工場をご案内し、副社長は満足げに工場を後にされました。

図々しさの効用

・世界観が変わるほどの新しい体験をすることができる。

・失敗したことを正直に話すことで好印象を持ってもらえる。

第2部 図々しさの成熟編／味の素時代

第5章 図々しさが付けさせた実力、実務者として

川崎工場の係長

誰もできなかった「年間計画」を安く成し遂げる

図々しさの要点／リミティングビリーフ破壊のコツ
・機械化の時代に、まずはアナログが重要だと指摘する。
・問題の原因を究明するまで時間がかかっても諦めない。

1991年にブラジルから帰国すると、川崎工場でアミノ酸を作る製造部に管理係長として配属されました。その部門は関連部署が多く、同じ設備を共有して全く異なるものを製造していました。そのために色々な制限や特徴を持つ設備をうまく組み合わせて、後工程の要求に応えなければなりません。

しかも毎月、次工程から出される要求に応えなければならなかったため、どのような稼働計画を作れば最大の生産量を出せるのかは出たとこ勝負になっていました。次工程からどのような要求が出されるかは分からなかったためです。そのため、誰も年間計画としての製造量を答えることができない状況でした。計画を立てることが複雑な作業になっていたため、誰も作ろうとしなかったのです。

私が係長として配属されたときに引き継がれた稟議《りんぎ》で年間計画が必要となっており、これまで誰も手を付けておらず課長もやる気がなかったため、仕方なく私が計画を作成することになりました。そこで私は、色々な制限因子を洗い出し、稼働計画の担当者にインタビューを繰り返しました。そしてコンピューターで行う部分と人が判断する部分を分けて計画を作成することにします。この作業に1年かかっています。

機械化の時代に、まずはアナログが重要だと指摘する

コンピューターと人の役割分担は重要でした。特に人の判断力は非常に優れているため、何でもコンピューターに任せようとしない方がよいと考えていました。今でもこの

ような考えを持っていますので、私は今流行のＤＸ（Digital Transformation）には簡単には飛びつかないのです。何もかもをコンピューターにやらせようとして投資をすると、事態はかえってややこしくなってしまいます。しかしコンピューターに任せることが適した部分を見極めて最後は人が判断するようにすれば、投資額は縮小できます。

そのためにも、まずはアナログな考え方を徹底的に整理します。それから機械に任せる部分を決めます。運営しながら目指す姿も同時につくり上げていくのです。このように考えることで、どのような機械やソフトを用意すればコストに見合うのかが分かるようになってきました。私が計画すると以前よりも安くできるようになりました。

この成果を本部で「鬼の〇〇」と呼ばれた人が感激してくれ、私に対してだけは大変に優しくしてくれました。尊敬されたのです。なぜ、これまで誰もできなかったのか。大まかに言えば、農学部出身者は計算が苦手だったためだと思います。ところが私は海外勤務中の５年間、工学部の上司に仕事を教わってきました。その結果、計算やデータの視覚化にとても強くなりました。

世界の味の素におけるほとんどのアミノ酸を製造していた

私は製造部では管理係長としてパフォーマンスに関する数値に対して責任を担っていました。同部では月間数万トンのアミノ酸を製造し、月次で求められる精度は±1キログラム、数万トンのうちの1キログラムです。

毎月1日に数値データを本部に送る必要があったため、祝祭日でも1日には出社していました。コンピューターのレベルが低かったため、データ送付の際に四捨五入された数値が悪さをすることもありました。

さらに提出した数値に対して5日以内に明確にする責務も負っていました。つまりパフォーマンスが変動した理由を説明しなければならないのです。といっても私たちが扱っていた微生物は生き物ですから、一定にはなりません。ですから原料の質がどのように変わったのかを説明する必要がありました。この仕事は本来、課長の仕事でしたが、全く無視されていました。それでも特に問題視されてこなかったのですね。

問題の原因を究明するまで時間がかかっても諦めない

ちなみに製造部の敷地は甲子園球場より広かったので、パフォーマンスの揺らぎの原因を突き止めることは相当に大変です。あるとき水の使用量が突然上昇し、その状態が続いたことがありました。つまりコストの上昇です。それでどこかに漏れが生じているはずだとパトロールを強化しました。

このときは3カ月間調査して、ようやく担当者が原因を発見します。水道の蛇口が規定よりも2分の1回転ほど大きく開いていたのでした。蛇口を規定の位置に戻すと、翌月からは本来の使用量に戻りました。水道の蛇口のわずかな回度の差が、1カ月になるとものすごい影響を与えることになる。「ちりも積もれば山となる」を実感しました。

このときの蛇口の開き具合は、日々の点検項目から抜けていました。どの係にも所属していなかったゾーンだったのです。しかも蛇口にはホースが取り付けてあり、そのまま機械の中に流れ込んでいましたので水量の変化を発見できなかったのです。その上、絶対にいじることがない場所でしたので、原因は分からずじまいでした。

この経験によって、通常は見えない所の変化を可視化する重要性を認識するだけでなく、数値の変化に敏感になり、問題をすぐに発見できる能力を身に付けることになりました。人は努力次第で能力を高められると、改めて認識したのです。

図々しさの効用

・最高のパフォーマンスを発揮できる方法を見つけられる。
・原因究明まで諦めないことで、改善策を立てることができる。

技術部の課長と製造部の課長

自分で動いて自分で決められる立場になる

図々しさの要点／リミティングビリーフ破壊のコツ
・誰が見ても大変そうに見える状況を戦略的につくる。
・スタンダードを手中にする。

製造部の管理係長に配属された1年後、技術課の課長に昇格しました。これは係長としての功績が認められたというのではなく、単に年齢に応じた役職に就いたのです。実際、私の同期も半分ほどはどこかの課長になっていました。特に私の場合は海外勤務を経験しているので、昇格対象者から漏れることはなかったのです。

私は技術部に異動すると、医薬用アミノ酸の担当になりました。世界シェアは大きかったのですが、利益を生み出しにくい分野でした。というのも、薬事法により製薬会社の販売単価が規制され、しかも年々価格が下がる医薬品の原料であったためです。

誰が見ても大変そうに見える状況を戦略的につくる

そして1年ほどたつと、製造部の課長も命じられます。技術部の課長との兼任でした。私が希望したからではなく、ブラジル赴任時代の上司が決めた人事です。「堀埜にしかできないだろう」という理由です。つまり、技術部と製造部は必ずけんかするので、同じ人間の管理下に置けばけんかしなくなるだろうという理由です。もしもけんかが始まっても、仲裁しやすいはずだと。

一見、面倒な役回りを押しつけられたかのように見えますが、実は楽でした。何しろ自分で決めて自分で指示するのですから、全く交渉事がありません。おおよそもめ事の理由は、製造部が技術部に対して「面倒な案件を持ってきやがって」ということでした。

しかし、上司が同一人物であれば、文句が言えないのです。もちろん、けんかできない分、私に文句が上がってきます。しかしそれを説得するのが私の役割です。しかも、私が管理しやすいように、上司が配慮してあらかじめ製造部のベテラン勢は他の部署に異動させられていました。要するに、うるさい人たちが除かれていたのです。

表向きは他の製造部の強化のためと言われていましたが、私にとってはありがたい計らいでした。これでベテラン勢の調整に時間を奪われなくなりました。しかし同時に人材が不足してしまいます。そこで優秀な人材を確保するために、誰が見ても人材が足りないという状況を示すことにしました。既に課長職を兼務していたところに係長も兼務し、さらに中国の大型プロジェクトにも参加します。

大変な状況だということを見せるというよりは、面白そうだからやってみたという理由が大きかったのです。中国のプロジェクトは「できます」と答える役割として参加しました。私以外の人は絶対に「できません」と答えるような労力がかかる面倒なプロジェクトです。しかし私ならなんでも「できます」と答えることを皆知っていました。私はインフレなどたくさんの問題を抱えていたブラジルを経験しているので、中国のプロジェクトなど問題ないと考えていました。それで引っ張り出されたわけです。

そしてこの激務の状態をつくり出しておいてから、私から「どこそこの誰々君を下さい」と名指しで指名して人材を要請したのです。私は常日ごろから人事を把握していましたので、どこに優秀な人材がいるのか分かっていました。

なぜ、人材を把握できていたのかというと、私の専門分野のＣＤＰ（Career Development Program）の長を勤めていたためです。つまり、人材の面接・採用から進路まで私を中心とした数人で調整していました。欲しかった人材の確保は、数年間は実現しなかったのですが、さすがにあれこれ兼務して忙しくなった私が要請すると、「仕方ない」と人材を回してくれるようになったのです。

はた目には私が尋常ではない大変さの最中にあるように見えていたと思いますが、私自身はブラジルに比べれば楽だなと感じていました。日本で一番面倒くさいのは交渉なのです。ですから、交渉事をどうやって無くすかを考えているのです。

その手段の一つが、すべて自分一人で決められる状況をつくることです。すべて自分で動いておけば、自分で決められる立場になれます。その結果、はた目にはとても大変な立場にいるように見えますが、実はとても楽になっているのです。

スタンダードを手中にする

2つの課長職と係長職、そして中国プロジェクトと仕事を水平展開して広げた私は、次に仕事を垂直展開し始めます。つまり、上司の仕事を取り始めたのです。横には広げるだけ広げたので、次は縦だなと。2つの部の課長職を兼務していた時点で私には2人の部長がいましたので、上司の仕事はたくさんあり、選び放題です。そこで最初に狙ったのが人事制度の業績評価方法です。業績評価については課長により幅が出やすくなっています。そこで基準をつくることを考えました。大変な仕事になりそうでしたが、自分がつくっておけば、後で利用する際に楽だろうと考えます。何事もスタンダードを手中にすることが競争社会で勝つための常套手段です。特に人事制度を握ってしまえば後で必ず楽になります。それは自分のやり方になっているためです。

ちょうどこの年に新しい人事制度になったのですが、誰もどうやればいいのか分からないときのどさくさに紛れて先手を取る。つまりリーダーシップをとるのです。その結果、各部門の部長から人事の依頼が集まってきました。すなわちＣＤＰの作成です。そこで私が30年分くらいの異動パターンを作成しました。そのパターンを各人に渡して毎年リニューアルしていきます。このパターンは私がいなくなってからも使われていました。

ＣＤＰを作成するとき、一度だけ試しに上層部の異動案まで作成したことがあります。ふてぶてしくも、取締役に対してもどこそこの事業部長になってもらえませんか、と案を作成したのです。すると、あからさまに不快感をあらわにする人と、愉快そうに笑い飛ばす人に分かれました。ああ、やっぱり部下にキャリアを決められたら怒るのだなと。このときの反応を私は見ていて、密かに上司たちの人物評価をしていたのです。

あるときは私の上司から昇格の推薦文を書くことまで依頼されました。そのときは私自身も昇格対象者でしたので、当然のこととして自分の分も書きました。それを見た上司は「とてもしっかり書けているね」と笑っていました。

図々しさの効用

・主張を通しやすく、交渉ごとを省ける。

・自分で基準をつくることで自分の仕事をスムーズにできる。

サイゼリヤに誘われる

防衛を続ける企業よりも挑戦している企業へ

図々しさの要点／リミティングビリーフ破壊のコツ
・自分の身の振り方を決める際には周りに忖度しない。

しばらくしてそろそろ人事異動の頃だな、と思い始めたとき、ブラジル時代の元上司でサイゼリヤに転職していた人から連絡があります。実は2年ほど前からサイゼリヤに来ないかと誘われていたのです。ブラジル時代から私が食に興味を持っていることを知っていたのですね。レストランに入れば私が料理を評価していましたし、日本から訪れる人がいれば私が歓迎の席の献立を決めていたりしました。

しかし私は絶対に行きませんよ、と答えて続けていたのです。「分かった。それでは、最後に社長に会ってくれないか」。それでサイゼリヤの社長（当時）に会いました。クリスマスイブにホテルで1人3万円もするディナーをご一緒しました。さすがに出てくる料理がすごいと感心しながら食べていたのですが、社長が「この料理、おいしくないだろう？」と言います。おいしくない理由を解説されて一瞬あっけにとられましたが、これは面白い人だと思いました。「この人と仕事をしたら面白いに違いない」

それに世界一であることとの防衛を続けている大企業よりも、世界一を目指して挑戦の最中にある企業の方が面白そうだ、とも思いました。それで、サイゼリヤへの入社を決めます。私が43歳の時です。

自分の身の振り方を決める際には周りに忖度しない

そうなると、味の素をどうしたら辞められるかと考えなくてはなりません。前の年に日本能率協会マネジメントセンターのＭＢＡコースを受講していましたので、その費用を会社に出させたばかりだということも気になりました。しかし、このことでの縛りはありませんでした。その後、受講者の多くが退職したことも知りました。

次に直属の上司です。辞意を伝えれば、必ず引き留められると考えました。ちなみにこのときの上司は、私にＣＤＰの提案書を作成されてひどく怒っていた一人でした。つまり、「この人の下では働きたくないな」と思った人だったのです。

それで、さらに上の人に伝えればいいかもしれないと考え、私のブラジル行きを決めた常務に辞意を伝えてみました。「お時間ありますか？」と尋ねると常務自ら足を運んできてくれました。そこでサイゼリヤから声をかけられたことと辞意を伝えたところ、「いいよ。好きにしろ」と言います。この人は後に副社長になっています。

これで辞められることになりました。直属の上司はもはや何も言えません。しかし、私が辞めることを承諾した常務は、後日厳しく責められることになったそうです。というのも、この頃、私をブラジル工場の副社長にすることが決まっていたからです。しかも若手初の副社長になるところでした。

「何やってもいいんだ」と、楽しくなる

まだ味の素の社員だった時に、サイゼリヤから突然に呼び出されます。電話をかけてきたのは私をサイゼリヤに誘ってくれた元上司でした。指定の場所に行くとベンツが待機していました。そのままベンツに乗せられて、まるで拉致されるように東京から連れ出されてしまいます。

長いこと走り、到着したのは福島県の山の上にあるホテルでした。促されるままに会議室に入ると、たくさんの人が待っていました。どうやら山を購入するための調印式が行われていたようです。そのような会話が交わされていました。「もう少し○億円乗せられないか」などと驚くような金額の交渉が行われていました。そしてどうやら交渉が成立すると、その場で銀行に電話をかけて支払いの手続きが行われました。

事情をのみ込めずにいると、その場に居る人たちに私が紹介されます。「彼は農業の専門家ですのでよろしくお願いします」と紹介されました。確かに私は農学部卒業ですが、

農業のことは全く知りません。田畑を耕したこともなければ作物の名前も知りませんので、「農業の専門家」と紹介されて「そんな話は聞いていない」と内心ひどく驚いていました。

会議室にはサイゼリヤ側として当時の社長と私の元上司、そして運転手がおり、相手側には村長さんや役場の人たちがいました。つまり、売買されていたのは村が所有する山だったのです。困惑している私は窓辺に連れて行かれます。「あの山です」と窓越しに見える山が、たった今サイゼリヤによって購入された山だと言われましたが、一面の雪で、はっきりと見えません。「堀埜君、あの山を自由に使ってくれ」と言われました。

ただ、「はい」とだけ答えたように記憶しています。そして、自分が何をすればよいのか全くイメージが湧きませんでしたが、「何やってもいいんだ」と、なんだか楽くなり、到着直後の不安は消えていました。

今が転機だ

味の素では残りの有給休暇も消化せずに4月の退社日まできっちり働きました。例の部長を除いてリスペクトしていましたから。後任者たちへ引き継ぎを進めている間も私の転職について非難する人はいませんでしたが、ブラジルで共に働いた仲間の一人は、「堀埜さんが、ここでどこまで偉くなるか見たかったですね」と言ってくれました。

当然、その言葉を出て行く私への恨み言ではなく励ましの言葉と受け取り、サイゼリヤでも頑張ろうと心に誓います。どちらにでも解釈できる言葉は、いつでもポジティブに受け取ることにしています。

このようにして、味の素での19年のキャリアが終了しました。19年。なんとも微妙な数字です。実はあと1年働いて勤続20年であれば退職金の桁が変わっていたのでした。さすが大手です。しかし当時はそのことはあまり考えていませんでした。今が転機だと思っていました。

図々しさの効用

・異動先も転職先も機会を捉えたら逃さない。

・山を一つ任されても、不安に思うよりも楽しそうだと思える。

第3部 図々しさによる飛躍編／サイゼリヤ時代

第6章 未知の世界へ、図々しさが引き寄せる刺激的なシゴト

第3部では、サイゼリヤ時代に私が取り組んだことを説明します。読み進めていただくと、私の「図々しさ」は影を潜めているように感じるかもしれませんが、それは、「図々しさ」が「リミティングビリーフ（思い込み）を破壊する力」に昇華しているからだと思います。私がサイゼリヤで担った役割は、ほぼ未経験のことばかりです。そうした初めての挑戦において、私は常に「自分にはできる！」と思って仕事をしてきました。「やったこともないのにできる」と思えるのは、自分の限界をつくっていないからです。ここから先は、「図々しさの要点」も「図々しさの効用」も示していません。図々しくあることで自分の限界を破壊した世界を体験してみてください。

サイゼリヤに入社すると、生鮮担当マーチャンダイザーという役職に就きました。レストランで出す料理の素材となる野菜などの生鮮関係の購買の担当です。また、福島県白河市に新たな農業を始める役目もありました。購買だけでなく、農業そのものを変えていこうというもくろみがあったのです。

とはいえ、農業のことは分かりませんでしたので、前任者から引き継ぎをしてもらいながら、誰に教えてもらえばいいのかを探りました。しかも事業が成長期に入っており レストランの店舗も３００店に拡大していたため、規模が小さかった頃の従来の購入先ではキャパ不足になることは見えていました。そこで購入先をより規模の大きな業者に切り替えなければならない時期に入っていました。

自分が仕掛けられたら嫌なことを、相手に仕掛ければよい

規模の大きな業者に切り替えるに当たっては戦術を練りました。相手の規模が大きいだけに、こちらが不利になるような条件を突きつけられる可能性があったためです。まず、取引の交渉をするに当たっては、同じ原料の供給者をまとめて訪問しました。卵なら卵を扱っている業者、米なら米を扱っている業者などです。このとき、本命の業者は最後に訪問します。逆に最初に訪問するのは、情報を多く持ってはいるが、実はそこからは買う気持ちがない業者です。多くの場合は大型商社ですね。

このような相手は、最初は私のことを警戒しますが、私があまり語らないでいるとマ

ウントを取り始めてきます。すると、私が知らないことを勝手にたくさん話し始めます。「俺の方がたくさん知っているんだからな、どうだ」という姿勢になってくれるのです。これが私の狙いです。ここで得た情報を、早速次の訪問先で披露するのです。すると、相手は「そこまで知っているのなら」とさらに裏の情報を提供してくれます。

このような情報収集を重ねて、最後に取引したいと考えている本命の業者を訪問します。するとその段階では相当なベテランレベルの知識を得ている状態で商談を進められるので、有利な条件での取引が成立します。

最後の商談でも、こちらから情報をひけらかしたり条件を提示したりはしません。黙っていればいいのです。「沈黙はカネなり」ですね。お互いに緊張していますから、ことあるごとに黙ってしまうと、相手がだんだん条件の面で譲歩してきます。

このような交渉の戦術をどこで身に付けたのかと問われることがありますが、もう直感です。自分が仕掛けられたら嫌なことを、相手に仕掛ければよいのだと。つまり、商談とは論戦ではなく、図々しさの出番なのですね。

素人ばかりの農業プロジェクト

さて、農業を始めるに当たり、農業の素人ばかりのチームが結成されます。私と社長の息子さん、社長の息子の友達、白河の契約農家の息子さんの4人です。契約農家の息子さんといっても彼は花が専門でしたので、農業に関しては素人です。父親はレタスや米など白河の農作物の取りまとめをしている大将のような人でした。

私はまず、農業のビジネスモデルを理解しようとします。すると、歴史があるだけにかえって損益計算などがどんぶり勘定であることが分かり、データを集めようと考えますが、データなどどこにもありません。そこで農家の取りまとめをしている人に色々な質問を投げかけてみました。すると、米作りの驚くべき実態が見えてきました。それは、米作り農家は赤字だったということです。

例えばコンバインは5年に1度交換しますが、使用した期間はトータルで5週間ほどしかありません。農業では1年中同じ作業をしているわけではないためです。コンバインに500万円かけているとすれば、1週間に100万円使っていることになります。この100万円でいったいどれだけの米を収穫できているのか。全くペイしません。このビジネスモデルでは、農業機械メーカーがもうかるようになっているのです。このことを農協も分かっているのに、売り付けているわけです。

それでは農家はどのようにして食べていくことができるのかというと、自分たちの人件費は計算していない訳ですね。給料を払うという概念がありませんので、現金だけはたまっていくわけです。しかも米や他の野菜なども買う必要がありませんから生活費がとても少なくて済みます。となれば、諸経費をいかに抑えるかが大きなテーマになります。つまり設備費当たりの生産性を高めればよいと考えました。今以上の設備投資を控えて生産量を上げるのです。そのための最も簡単な方法は作付面積を増やすことです。

ところがことはそう単純ではありませんでした。米作農家の多くは反収と呼ぶ面積生産性の向上を目指しています。面積を増やすことではありません。ところが反収はどれほど努力しても1.5倍にもならないのです。そこで面積を広げた方が簡単だという青図（完成予想図）を描きました。そこで何件かの大規模農家を視察して回りました。北海道にも行きました。十勝などでは広大な農地を持っています。

ところが刈り取り期間は1週間ほどしかありません。面積が広くても収穫期間は同時期なので、結局同時に動かせるコンバインを増やさなければならず、1年に１００万円かかってしまいます。つまり、大規模であるメリットがなかったのです。日本の農業では「大規模化」と言いながら、大規模化で利益が増えるのは農業機械メーカーだけだった訳です。特に米作は。

ここでの問題は明らかでした。単一の品種を育てるから収穫期間が1週間になってしまう。例えばコシヒカリ信仰を捨てなければなりません。また、米は保存が利きますので、工業と同様の考え方が可能になります。

このような根拠から描いた青図では、1人で20～40ヘクタールの農地を生産できるようにすることです。一般的には1ヘクタールあれば大農家で、しかも家族総出で従事していますから、1人当たりの面積は数十倍です。1人40ヘクタールであれば1俵5000円でも利益が出ます。当時は1俵1万5000円で卸せば利益が出せましたが、現在は1万円でも利益が出せています。この青図を描いたのが2000年で、最近ようやく実現し始めているので、20年以上かかっていることになりますね。

高齢化で引退する人がいれば土地が余りますから、農地が集まるようになります。ただ、利益の出し方が分かると私たちの指導を受けなくてもやっていけるようになるため、契約から離脱していく農家が出てきました。離脱があるたびに開発が止まります。しかし私は諦めない男です。自分には絶対に農業を変えられると思い続けていました。

このとき、プロジェクトメンバーが素人であることが幸いしました。米作りの名人などが加わっていたら、こだわりの農法などに足を引っ張られ、改革などできなかったでしょう。

次々と障害が立ちはだかる山の開墾

米の次はレタスやルッコラ、イタリアンパセリなどの葉菜の生産に挑みます。そこで「自由に使え」と言われた山を活用しようと考えます。標高900メートルから平地までの標高差を利用すれば、オールシーズンの生産体制ができるのではないかと考えます。夏は標高の高い地帯で栽培し、春と秋は平地の露地栽培を行う。そして冬は大規模なハウス栽培を行うのです。このアイデアは、信州の農業を参考にしました。信州の夏レタスは標高千数百メートル級の高地が利用されています。

そこで山の開墾を始めましたが次々と壁が立ちはだかります。まず、数トンサイズの岩の除去が必要でした。すさまじい労力が必要になります。しかも当時の社長からは「その岩は後で城の城壁にするからとっておいてくれ」と言われます。社長は本気でそこに「サイゼリヤ城」を建てるつもりでいたようです。しかしそんな巨大な岩を丸ごと掘り出すことは無理でした。社長は本気で「城を建てろ」と言っていましたが、無視しました。

そのうち、現場がストーンクラッシャーの購入を希望してきました。その名の通り岩を砕く重機で、1台8000万円もします。それだけで予算が使い尽くされてしまいますので、私は社長のところに行って事情を話し、「すみませんが、1本お願いできないでしょうか?」と人差し指を立てて示しました。1億円ですね。

「分かった」。社長は私費で用意してくれたのです。言ってみるものだと思いました。何事も最初から無理だと決め付けないことが私のポリシー、図々しさの出番ですね。

そうして日本に数台しかないストーンクラッシャーを手に入れました。おかげで開墾が一気に進みましたが、使い終わると使い道が無くなりました。それでその後は福島県に貸し出しています。放射能の除染作業に大いに役立ったと感謝されました。

これでフラットな土地は畑になったのですが、問題は斜面です。私はブラジルにいた時に、斜面でサトウキビが栽培されていたことを思い出します。ブラジルの農家は等高線上に1センチ単位で畝を作る技術を持っていました。それをこちらでもまねてみたのです。ところが雨が降るたびに畝が崩れ、畑が水没してしまったのです。思えばブラジルは雨が少なく、さらにサトウキビ自身が土地を固定することに役立っていたようです。しかし日本は雨が多い。

そこで雨水を逃がすことができないかと考えていると、農場メンバーから有益な情報が入ります。高速道路に使用されている暗渠《あんきょ》です。追加費用はかかりますが、ここで放り出すわけにはいきませんので早速導入してみました。すると効果は抜群で、見事に水たまりができなくなりました。このとき、暗渠に集められた水が清流の小川を生み出し、そこにどこから来たのか小さなサンショウウオがたくさん住むようになったのを見て、生き物って不思議だなと感動したことを覚えています。

結局、私たちがやっていたことは、もはや農業というよりは土木工事でした。農耕機具よりもブルドーザーやバックホーといった土木建設用の重機をいじっている時間の方が長い。土地作りと水源の確保への取り組みが中心の日々でした。それにしても開墾には一息つく暇がありません。山の畑は雨が降ると地盤が緩くなるため、農耕機械を入れることができなかったのです。そのため、雨の日は農作業を中止せざるを得ませんでした。雨が続くと購入した苗の活力が低下していきます。

そこで今度は苗を仕入れるのではなく自分たちで種から育てることにしました。そのための大規模な苗場を作りました。これにより苗の仕入れコストよりも格段に安く苗を用意できるようになりました。サイゼリヤが育てた苗は、契約農家にも配りました。これでさらなるコストダウンを実現できています。この後、サイゼリヤ専用の苗の品種改良にも着手し、種業者からもサイゼリヤ用に開発された種を仕入れています。

コンセプト不在の工場建設

サイゼリヤでは2001年の神奈川工場の建設を皮切りに工場の建設が続きました。私は味の素での工場技術者としての経験があったことから、サイゼリヤでも工場立ち上げプロジェクトの指導を任されます。まずは神奈川工場での試運転に立ち会ってくれ、との要請を受けましたが、設計段階は全く関われず、とりあえず工場に向かいました。

当然、工場は完成しており設備もすべてそろっていました。ところがこの工場は、コンセプトが定まっていないままに建てられていました。何の工程が必要であるのかはエンジニアリング会社に伝えられていたので、各工程の設備は整っています。ところが工場のコンセプトが明確になっていません。工場内を視察するなり、これは駄目だ、と思いました。

とはいえ、とにかく試運転させなければなりませんので、まずはカットレタスの工程から始めてみました。なぜカットレタスかというと、この工場は既存の埼玉工場をまねて作られており、埼玉工場ではカットレタスの工程が稼働していたためです。

それにしても私なら絶対に設計しないようなぜいたくな造りの工場でした。なぜ、これほど余分なスペースがあるのだと驚いたのです。間取りにゆとりがあり過ぎるのです。私を設計段階から参加させてくれていれば、このような間延びした工場は建てません。間延びしているというのは、各工程の接続ができていないということです。そのため工程間に無駄な移動時間と手間がかかってしまいます。

結局私が着手するのは、何のためにあるのか分からない設備を外していくことでした。例えば、2系列ある工程のそれぞれに無駄な設備があるのでそれらを外すことで3系列にできました。また、本来はレタスの洗浄ラインでしたが、キャパが余るので違う野菜も洗浄するように目的を変更して生産性を高めました。

工場には初めて導入した自慢のボイルマシンがありましたが、これが致命傷となりトラブルが発生しました。作業の連結タイミングが難しく、少しでもタイミングがズレたら全工程に影響してしまう作りになっていました。他にもラインが3系列あるのに包装機が2台しかないことで、やはり少しでもタイミングがズレたらグダグダになって復帰できないような作りになっていました。

このような状態でしたので、次の工場を建てるときには注意しようということになりました。私がうまく設計すればいいと。ところが次の工場でも私は設計に参加させてもらえなかったのです。しかも設計者には注意点を伝えてあったはずですが、考慮されていませんでした。

情報が伝わってこない社風

神奈川工場の試運転を３カ月間で終了すると、すぐに福島の炊飯工場に向かいます。この頃は毎週月曜日に本社に出社して打ち合わせを終えると次の工場の試運転に向かい、金曜日に帰宅するパターンを繰り返していました。これはブラジル時代と同じパターンでした。つまり金帰月来パターン。

福島工場も神奈川工場と同様の設備が備わっていましたが、何を作る工場なのかという情報がないままに試運転に臨みました。なぜ、試運転の立ち会いをする私にはいつも情報が伝えられていなかったのかいまだに分かりません。社風だと言う人もいました。

基本的にお店を回すという仕事の仕方が染み付いている人が多かったため、じっくりと計画や設計を練らないとうまくいかないという認識が不足していたのかもしれません。開発や企画の重要性が理解されにくい社風なのです。創業者がそのような人だったことに由来するのかもしれません。

そしてまた、ここでも神奈川工場と同様に、私なら絶対にやらない設計になっていました。理解できない設計になっているので工場の担当業者にも色々と質問してみましたが、期待したような答えは返ってきませんでした。いったい、何をイメージして工場を建てたのか分かりません。しかも偶然だったのですが、その担当業者は味の素エンジニアリングでしたので、なおさら腹が立ちました。

結局納得がいく答えは得られませんでしたので、建ててしまった工場と設備をどう活用するかを考えることにします。神奈川工場と同様に余剰設備を除去し、間延びしている部分も除きました。そして、ピラフとドリア用のライスを作ることにしたのです。米を炊いて混ぜて冷凍するまでの工程です。ドリアはターメリックライスで中には何も入っていませんが、ピラフにはエビやコーンなどを入れます。

この頃のドリアにはケチャップライスが使われていました。ケチャップは熱を加えると蒸れ臭が出るため、炊飯後にあえる設計になっていました。ところが設備の周りが汚れるだけでうまく作れません。ひどい設計でした。色々と試してはみましたが、結局この工場はドリア用のケチャップライスを作ることには向いていないと判断します。

だませなかった社長の舌

そこで至急、料理の開発を担当しているシェフにレシピの開発を要請しました。とても有名なシェフで、私の言うことなど聞いてくれませんでしたから、都度社長を通して依頼していました。それでケチャップを使わないターメリックライスを作ることになりました。赤いライスから黄色いライスへとガラリと変わったわけです。そのためお客様の反応が心配だったのですが、特に問題はないことが分かりました。お客様はそこを評価しているわけではないのです。このことは意外でした。これ以降は大胆な案も試してみる勇気を持てました。

工場の試運転が落ち着いた頃に社長が視察に来ることになり、いくつかの製品を試食してもらうことになりました。そこで私は少し意地悪なレシピを潜り込ませることを思いつきます。ターメリックライスに使用するオリーブオイルを、比較的高価なエキストラバージンオイルのみと、価格を抑えることができるピュアオイルを混ぜたものを出してみました。私自身は食べても区別が付かなかったので、社長の舌もだませると思っていました。

ところが社長は試食するとすぐに、「これ、混ぜただろう」と違いに気付いたのです。もし社長が気付かなければ、コストの安いピュアオイルを使おうと考えていたのですが、「分かる人がいる」ことを知ったので、この計画は実施しませんでした。

この工場では試運転を行いながら隣に精米工場と玄米貯蔵庫を建設し、翌年から生産を開始しました。精米工場から炊飯工場へパイプがつながったことで、精米された米はすぐに炊飯工場で加工されるようになったのです。こうして実用的な米の加工ラインが出来上がりました。

オーストラリア工場でのD-day

福島工場の立ち上げが終わると、次はメルボルンにできるオーストラリア工場の立ち上げが予定されました。いつもの試運転立ち会いメンバーもメルボルンへ旅立ちました。このとき私は含まれていません。実はこれまでも試運転メンバーにはリーダーがいて、私はあくまでバイヤーの立場で参加していました。しかし、リーダーをはじめとして誰も工場の立ち上げを経験していなかったため、結局私が指導役になっていたのです。

しばらくたっても、オーストラリアから工場が立ち上がったという知らせが届きません。原因は分かっていました。オーストラリアでは労働党が政権を担っており、そのため労働組合の力が強く、企業の運営に支障を来すことがあるのです。そのために工場の建設が進んでいませんでした。特に攻撃的で質の悪い人たちが、食品労連にいました。

実はこのとき、私はオーストラリア工場の社長を任命されていました。そのため、工場の建設が終了したという連絡はなかったものの、現地に行かなければならない立場になっていました。ただ、社長とはいっても工場に常駐する必要はなく、3カ月に1度程度行けばよいのです。実質のCEOはニュージーランド人に任せていました。彼とはけんかばかりしていましたが。

いずれにしても、このままでは工場が立ち上がるめどが立たない状況になっていました。そこで、サイゼリヤの社長か専務が、スト破りの決行を決定しました。実行日は「D-day」と呼ばれていました。元は米国軍の軍事用語ですね。つまり、ストを実行している当事者たちを追い出す日が「D-day」です。D-dayには既に私も現地入りしていました。状況を日本に報告することと、何かあった場合のために工場内で待機していたのです。

そしていよいよD-day当日。スト破りの実行部隊は実質の社長であるニュージーランド人と、安全のために雇った「その手のプロ」の人たち数人でした。詳しくは知りませんでしたが、恐らくボディガード的な人たちなのでしょう、プロレスラーのような屈強なメンバーでした。このような専門の人たちがいるほど、この国のストライキは頻発しているのでしょう。

彼らが敷地内でストをしていたグループに退去命令を出しました。さすがにプロの人たちがいたせいかおとなしく敷地の外に出て行きましたが、フェンスの向こうからこちらを睨み付けています。私は建物の中に居ました。窓にかかっているブラインドの隙間から様子を見ていたのですが、まるで西部劇の決闘シーンのように緊迫感のある重い静寂がありました。とりあえずは暴力沙汰にならずにほっとします。

そして、彼らがいなくなって安全であることを確認してから私はホテルに戻りました。

「こんなぜいたくなホワイトソースはホテルでも作らないぞ」

こうして工事を妨げていたグループを追い出した後は、組合に入っていない人たちだけで作業が行われましたので、工事が順調に進みました。そして会社設立から3年目にしてようやく工場が完成します。組合員がいた頃は2年たってもできなかった工場が、組合員を追い出してからは1年もたたずに完成したわけです。しかし、工場が完成しても、やはり何を生産するのかレシピがありませんでした。この準備の無さはもはや国境を越えた社風となっていました。

そこで急きょ、日本に支援を要請します。これに応えて社長自らがシェフを伴って駆けつけてくれました。ただし、例のシェフは私の言うことは聞きません。相変わらず「オレは正垣に雇われているんで、お前の言うことは聞かん」と言っていました。正垣とは正垣泰彦《しょうがきやすひこ》社長（現会長）のことです。本当に面倒くさい人でした。それで仕方なく、シェフに指示するときにはいちいち社長から指示してもらえるようにお願いしていました。

さて、社長とシェフ、そして技術メンバーが試行錯誤しながら最終レシピが決まりました。それはホワイトソースになったのですが、驚くほどおいしく仕上がっていました。シェフは「こんなぜいたくなソースはホテルでも作らないぞ」と誇らしげです。

実際、同じものを日本で作るととんでもなく高額なソースになります。しかしこの工場では世界一安いニュージーランドの乳脂肪がふんだんに手に入るため、乳脂肪率を高めにしても低コストで作ることができました。他では作れない圧倒的な差異化ができる製品ができたことを確信しました。

値下げの実験を繰り返す

40代後半となっていた私は、オーストラリア工場の社長を兼務しながら、本社では購買部から商品企画部長になり、次第に商品関連全体を統括するようになります。これもまた、全く経験のない領域でした。

経験がないため、今後の当たりを付ける意味も含めて色々なテストを行うことにしました。まず、価格実験です。一部の商品を値下げしてみたのです。しかし、お客様の反応があったのかどうか、いまひとつ分かりませんでした。もしかしたら、値下げしたことに気付いていただけていないのではないかと考え、告知実験も併せて行ってみましたが、やはり満足できるような結果が出ません。

この頃は年間の出店数が4年連続130店ほどの勢いがありました。そのためか、全く売り上げが出ない店も出現していました。そのような店であれば潰しても構わないとのことで、大胆な実験ができると判断し、全品を5~40%の幅で割引をしてみたのです。

すると予想以上の反響があり、全く売れていなかった店に行列ができてしまいました。そのためアルバイトがあまりの忙しさにほとんど辞めてしまったのです。このアルバイトたちは、暇な店だと楽でいいと喜んでいた人たちですね。それが突然忙しくなったので、こんなはずではなかったと辞めていったのです。

この利益度外視の実験により、お客様が反応する値下げの割合が把握できました。次に利益を確保しながら客数を増やすためにドリンクバーの値下げを試しました。ドリンクバーであれば動くのはお客様自身ですので、客数が増えてもマシンのメンテナンスだけで済み、スタッフのオペレーションへの影響も少ないと考えました。

具体的にはそれまで189円であったのをきっかり100円に値下げしたのです。この値下げは全店で行いました。するとお客様が一気に増えました。しかもドリンクバーの値下げに反応して来店された多くのお客様がフードメニューを注文されるので、結果的にはスタッフの負荷が一気に大きくなってしまいました。それで慌てて120円に微調整しています。それでも以前の189円に比較すれば、お得感は大きいままでした。

また、競合店に比べても圧倒的な安さです。この120円は2007年まで継続しています。その後は価格を元に戻しました。

コスト管理はプロパー社員よりも得意でした。というより、私しか計算していませんでしたので、データの収集から分析のための加工などは私が行っていました。その結果、会社の収益構造などがよく見えてきました。同時に、明らかにされていない部分がどこなのかも分かってきました。

それらの分析結果を踏まえて、商品開発の柱はランチと野菜であることが見えてきます。それまでサイゼリヤではランチメニューがありませんでしたが、競合各社は安価なランチメニューを提供していたのです。ただ、ランチ用スープの提供に関しては、満足できるソリューションを作れなかったため、当時は断念しています。

評価方法を探すゲーム

野菜については、農家で食べているような採れたてのおいしさを提供することを目指しました。それは、スーパーで売っているような野菜とは鮮度が全く異なるのです。

魚では鮮度を保つために沖締めといって、船上で血を抜く方法があります。これを野菜にも応用して「野締め」ができないかと考えたのです。採れたての鮮度を保つには、4℃に保たれた環境で保存・移動できなければなりません。コストを抑えるには大量の野菜を冷蔵する設備投資が必要で、しかも1社で実現できる技術がありませんでした。

また、評価方法も難しい。鮮度の高い野菜を届けるには試作を旬の間でしか評価できません。しかしレシピを作っている間に旬が終わってしまいます。販売期間も短く限られているため、リピートが発生するタイミングまで待てず、売り上げが上がりにくいのです。本来であれば13週間ほど提供したいのですが、5～6週間程度しか提供できません。つまりお客様の反応を確認できないうちに提供期間が終了してしまいます。

しかし私は諦めません。この企画はしばらく寝かせることにしましたが、考え続けていました。そうすれば、ある日突然アイデアが浮かぶものです。このときも微分で評価できるのではないかと思いつきました。つまり、短期間で売り上げが低下する傾きの大きさを比較すれば、その商品に対するお客様の評価を読み取れると考えました。

低下するときの傾きが緩いほど、有望な商品だと評価できると想定しました。短期間で評価するにはこれしかないと。このように評価手法の改良を続けながら、同時に全く別の切り口での評価手法も探していました。このようなことをある種ゲーム感覚で楽しんでいました。成果が出れば、「やったぞ」と思える感覚が楽しかったのです。

商品データを分析する際、普通は期間と売り上げという変数を扱いますが、他の変数に変えていくことで思わぬ法則を発見することがあります。このようなゲームをしていると、競合他社が利用しているグフフを見ると戦略の違いが分かるようになります。採用している指標が異なるためです。この比較は戦略を立てる際に役立ちました。相手の手の内が見えてくるのですね。また、どんな戦略が成功してどこでつまずいているのかも分かりますので、こちらも同じ手を打つべきか避けるべきか分かります。

健康を害するほどの試食地獄

私は商品企画部長の後、商品本部長となりました。商品に関するトップであり、それは同時に、常に試食をしなければならない立場を意味しています。そのため、毎日のテストキッチンでの試食以外にもどこかの店舗で試食していました。自社レストランの試食だけではありません。競合他社の商品も把握しなければなりませんでしたので、深夜に競合他社のレストランでも試食を続けました。つまり、毎日外食していたのです。

その結果、極度の睡眠不足と体重の増加に悩まされることになります。当時は自宅から会社までの約80キロという長距離を、車を運転して通勤していました。しかし、このような健康状態では必ず事故を起こすだろうと考えて、会社の近くにアパートを借りることにしました。

しかし試食は続けていたので体重がさらに増え、腰痛と膝痛がひどくなってきたのです。歩くためにつえが必要になるほどでした。身長が165センチメートルほどで体重が95キロですから、超肥満ですね。そのため飛行機に乗ろうとするとチェックインカウンターで「車椅子をご用意いたしましょうか？」と確認されるほどでした。ちなみにそのときは断りましたけれども、もしかしたら貴重な経験が出きたかもしれないので、図々しくして断らなければ良かったと思いました。

さすがに体重がこれ以上増えると危険だと考えて、早急に5キロほど体重を減らす努力をして腰痛と膝痛を抑制しました。しかし試食は続けなければなりませんでしたので、とにかく食べる量を減らしました。本当は完食しないと量のバランスなどが分からないのですが、さすがに健康のことを考えてやめました。

あるとき、鴨肉の料理を提供することが決まったのですが、どのようなメニューにするのかがなかなか決まらず、鴨肉を食べる日々が続きました。メニューを少し変えては持ってくるので試食しなければならない。これが1カ月ほど続いたので、もはや一生分の鴨肉を食べたと思いました。においが鼻について、しばらく鴨肉を食べたいと思わなくなりました。

この頃、新業態としてハンバーガーショップ「イート・ラン」が始まります。ここで提供するハンバーガーの試食もしなければなりませんでした。このつらさは鴨肉の比ではありません。米国にも行き、各チェーン店の動向を視察し試食します。ウォルマートを見てターゲットを見て、マクドナルドを見てというように、小売り全体を見て回りました。このときも毎日8ブランドくらいずつは試食していました。ファストフードの食事が続くと地獄です。たまにレストランに入るとほっとし、「ああ、これがレストランの価値だな」と身を持って理解することになります。

切れ味が良い包丁は危険

さらに試食だけでなく、キッチンオペレーションの設計も任されました。アルバイトやパートを含めたキッチン担当のオペレーションをできるだけ簡単にする必要があります。できるだけ同じ作業パターンで調理器具も増やさないように、工場でできる限り仕上げておくのです。オペレーションの設計ができるたびに、私が自分で試しに動いてみます。そうすると、調理作業がうまくなったように気になって、自宅での自炊も苦痛ではなくなりました。

ただし、包丁の使い方は相変わらず危なっかしい。それでも調理ができるようになると道具をそろえたくなるものです。ちょうど使っていたペティナイフと呼ばれる万能包丁の切れ味が悪くなっていたので、代わりのものを買いに行きました。そのときお店でどれだけ切れ味がいいのだろうと思って指で刃に触れたらものすごく切れる包丁で、あまりに切れ味が良い包丁は危険だと判断して購入をやめました。

この頃、サイゼリヤの店舗にはパンを切るための包丁がありませんでしたので、切れ味の良いパン切りナイフを各店に配布したところ、切り傷事故の報告が急増したのです。それで慌ててパン切りナイフの使用を禁止しました。人はどうしても刃に触ってみたくなるようです。パンは工場で切るようにしました。

経理が把握していない数字をつかむ

やがて自社のIRで、社長のお供をすることになります。私は数値に関することや戦術に関する返答を受け持つようになったのです。このときのIRとは、1on1やスモールミーティングの形式でした。大まかな発表は会長や専務が説明するのですが、細かな質問をされたときには私がすべて答えていました。数字や商品に関しては私が最も把握していたためです。また、データを解析していたのも私でした。

そのため、証券会社のアナリストから問い詰められる役回りを引き受けていました。しかし「これはいくらでできているのですか?」などと数字が出せていない答えようがない質問をされると、悔しい思いもしました。このとき経理部門はトータルの数字さえ合えばよくて、個々の数字には関心を払っていなかったのです。

例えば私であれば、「ころがし計算法」という在庫原料の単価計算の算出方法を使いますが、これも面倒くさいということで最終単価が使われていました。期末に最も近い仕入れ単価で棚卸資産を評価する方法です。この方法だと期中の仕入れ価格の変動が大きかったときに倉庫の在庫が多いと、とんでもなくおおざっぱな数字になってしまいます。この部分をアナリストに追求されると返答に窮するわけです。しかし経理が把握していないのは味の素でも同様でしたので、多くの会社でも同様なのかもしれません。味の素でも経理の人が私に聞きに来ていました。どうやって計算すればよいのかと。

それで月初めに原材料に新たに加えられた原料の分類を行っていました。新しい原料が入ってくると、それはどのような使い方をされているのでどのような扱いにするのかを説明し、どのようなコードをつけるのかなどを経理に指示していました。それを「まとめコード」と呼んでいました。

このようにして平均単価を算出して経理に表を作成させることが毎月のルーチン業務となっていました。そのため、月初めはいつも徹夜に近い状態で原価計算を行うようになっていました。私はサイゼリヤに入社して1年目で取締役になっていましたが、これはとても取締役がやるような業務ではありません。

とはいえ、他の人たちに何度教えても興味がないのか覚えてくれません。翌月になるとまた「お願いします」と資料を持ってくるのです。「やっておきました」というのは一度もありませんでした。

このような状況になるであろうことを専務は分かっていて、入社早々に「ここでは自分でやるしかないと諦めているから」と言っていました。

私は学生時代から味の素時代まで人に任せるのが得意だったのですが、さすがに原価計算などは任せられませんでした。必要性を理解していない人たちはやる気を持てないので「やれ」と行っても無理なのです。

「私はどの店で働くのでしょうか?」

ある日、社長から呼び出されたので出向くと、社長の他にコンサルタントの大先生と専務が待っていました。「これはただならぬ要件だな」

気を引き締めて勧められた椅子に座ると、社長が他の2人に「こいつを店で働かせてもいいですかね？」と言います。すると問われた2人とも「構いません」と答えます。それだけの会話でしたから、私はとうとう店で働かされるのか、と思いました。キッチンスタッフなのか店長なのか。現場を知るためにはそこまでしなければならないのか、なnext様々な思いが巡ります。しかし、そのときは他に何も言われないままにその場を退室しました。

それで後日、やはり気になるので社長に「私はどの店で働くのでしょうか？」と尋ねました。すると社長は「君は何を言っているんだ？」と言います。そこで「店長をやるということではないのですか？」と続けると、「そうじゃない。君に100店舗を任せると言っているんだ」と言いながら社長は大笑いしていました。

サイゼリヤの全店舗を5つの事業部に分けて、そのうちの1事業部として神奈川県と静岡県東側エリアの100店舗を運営しろという意味だったのです。全く勘違いしていました。といっても任せられた100店の人たちは誰も私のことを知らないであろう不安が一瞬脳裏をよぎりましたが、「まぁ、普通にやろう」と自分でも驚くほど冷静になりました。

担当のエリアは私の自宅に近いエリアが選ばれていました。事業部ですから、これは経営の最初のステップだと考えて、まずは経営方針を作成し、着任と同時に発表しました。経営理念を説明し、目標として「食事をして喜んでくださるお客様をより多くつくること」と明示しました。「手段の目的化」の阻止を狙いましたので、何よりも先に伝えておきたいと考えたのです。

しかし店長やエリアマネジャー、事業部長たちの反応はいまひとつでした。恐らく経営理念や経営目標を自分事として考えたことがなかったのでしょう。それでどの程度のことをすればよいのかを最初の3カ月間で把握することを私の目標にします。また、部下となるエリアマネジャーには事業部長とエリアマネジャーの役割分担を示しました。それまで各人が勝手に自分の業務範囲を決めていたのです。それでエリアマネジャーの業務目標は問題点の摘出と改善指導で、事業部長に対しては仕組みづくりを示しました。

さらにいくつも行われていた会議が、なんとなく集まっているだけの習慣的な会議になっていましたので、改めて各会議の目的を明確にしました。恐らく最初は各会議を行う目的があったのだろうと思われましたが、いつのまにか会議を行うことが目的となっていたのでしょう。まさに手段が目的化されていたのです。

しばらくすると、教育・育成の問題が見えてきました。背中を見て学ばせるような姿勢では人材が育ちませんので、マネジャーにとって教育・育成が大きな仕事であることを示しました。

第3部 図々しさによる飛躍編／サイゼリヤ時代

第7章 図々しさで頂点に、ついに社長になる

教育用動画の制作

事業部長になりましたが、私は店舗で行われている作業を経験したことが無かったので、現場で何が行われているのかを知る必要があると考えました。しかし誰かに教えてもらうだけでは私自身の成果として見えません。そこで、教えてもらうのではなくて、教えるための動画を作成することを思いつきました。これならば私も作業を覚えられますし、習得度を形にできます。しかも問題点も発見できますし、最終的には教育を効率化できます。

そこで情報収集から始めます。店舗を巡回しながら色々なスタッフの仕事ぶりを観察しました。色々なスタッフといっても全員を観察することはできませんので、各エリアマネジャーに特徴があるスタッフやスキルの高いスタッフを教えてもらい、その人たちを見て回ります。

同じ仕事内容の人同士を見比べることになりましたが、見事にやり方が異なっていました。そこで、各スタッフに、なぜそのような動きをしているのか、なぜその段取りになったのかなど、理由を教えてもらったのです。実際に見て話を聞いているうちに、どの作業を標準にすればいいのかイメージが明確になったところで、動画制作をプロジェクト化しました。

ただし、営業時間中はお客様の迷惑になるので、撮影は営業終了後になります。当時はほとんどの店舗が午前2時まで営業していましたので、そこから撮影を始めることになりました。当然、撮影しているうちに夜が明けてきます。ほとんどの店舗は午前11時開店ですから、開店準備が始まる午前10時までには撤収しなければなりません。

撮影が終わると、次に編集作業が始まります。編集はパソコンで行うのですが、当時私が使っていたノートブックパソコンでは動画編集をしようとするとフリーズしてしまうため、会社にある据え置き型のデスクトップパソコンを使うことにしました。日々の店舗回りを終えてから会社に戻り、動画編集の作業をしていたのです。デスクトップパソコンでも動画編集は荷が重すぎたのか、時折フリーズしていましたが、徐々に形にはなっていきました。

するとＢＧＭが欲しいと欲が出てきましたので、ＣＤショップに行きテレビ番組『情熱大陸』のテーマや米国の連続テレビドラマ『セックス・アンド・ザ・シティ』のテーマ曲などを採用しました。次にナレーションが必要です。ここで部下の準社員に、元アナウンサーだった女性がいたことを思い出し、手伝ってもらいました。

そうしていよいよ、私が脚本と監督、撮影、編集を行った動画が完成しました。完成した瞬間、私は一人で盛り上がっていました。

何も残らない社風

それなりに費用はかかりましたが、すべて社内の人員で賄ったため、専門業者に依頼するよりは格段に安く仕上がったはずです。そして完成した動画をＤＶＤにコピーして地区長全員に配布しました。地区長はエリアマネジャーの下に位置する人たちで、おおよそ4店舗ごとに1人いました。ところが「プレーヤーがないので見ることができません」と言います。それで私は家電品を安く販売している店を回って25台のＤＶＤプレーヤーを購入して地区長たちに配布しました。

しばらくしてから地区長たちにビデオの感想を尋ねると、皆「新人に渡しました」と答えます。それで新人に感想を聞くと皆首をかしげています。つまり誰も視聴していませんでした。「どうせやろうか」と思いましたがやめておきました。事業部長の苦心の作であることなど、誰も忖度しなかったのです。これも社風でしょう。少なくとも、私は店舗における最も効率の良いオペレーションを完全に把握しましたので、もともとの目的は果たせたことになります。

後日、私が社長に就任してからも、教育時間の短縮がテーマに上がったことがありました。そのときに私が作成した動画が使えると思い、ＤＶＤが残っているかもしれないと社員に言うと、「ない」と言います。それならどこそこのデスクトップコンピューターのハードディスクにデータが保存されているはずだと言うと、「パソコンは捨てました」と言います。それならサーバーが故障したときのために光ディスクにバックアップをとってあったはずだと言うと、「それも捨てました」との返事。「それではバックアップの意味がないではないか」と言いかけましたが思いとどまりました。これも社風で、何とも力の抜けるデータ管理体制だったのです。

とにかく本社では色々な物が捨てられてしまうので、過去の歴史が残りません。従って、工場の試運転データやマニュアルの類いも消えてしまいました。とにかく前進あるのみで、過去の情報に価値を認めない会社だったのです。

データの保管方法もすべて上書きする習慣があることに気付いた時はのけぞりました。このようなありさまでしたので、結局私が個人的に使用していたパソコンの中に、かろうじて動画が残っていたのでした。

数値から店舗の問題をあぶり出せ

マネジャー教育の一環として、数値管理の仕方を理解してもらうことにしました。そこで現行の報告書に記載されている数値を使用して管理することを学ばせようと考えたのです。数値管理の必要性は、ある店舗が改装工事の翌月にとんでもない請求書が送られてきたことがきっかけでした。水道代が300万円になっていたのです。どうやら改装工事の際に水道管から水が垂れ流しになっていたことが原因のようでした。

結果的には実際に利用した水ではなかったため、請求通りに支払う必要は無くなりましたが、この請求書の数字の異常さに気付いたのが私だけだったことが問題だったのです。誰も疑問に思っていませんでした。いえ、気付いてすらいなかったのかもしれません。しかし前職の味の素時代に蛇口が余計に回転していたことで膨大な水量が流れていた問題を経験していた私にとっては、「またか！」という衝撃がありました。

そこでこの水道料事件をきっかけに、様々な数字の記録を読み取り何が起きているのかを理解してください、と伝えました。そして本社に提出された数値を可視化するためにグラフ化してエリアマネジャーに送付しました。しかし反応がありません。私には役立ったのですが、なぜ、役立てようとしないのか不思議でした。日々の業務を同じように繰り返していれば何も変わることはないという思い込みを持っていたようです。

記録しているのは準社員であることが多く、桁数の間違いも散見されましたので、グラフ化して送付することは続けてみました。すると再び水道料に明らかに異常が見られる店舗が出てきたのです。元データを見ると桁の間違いではなさそうです。水道局が一定期間ごとに行っているリセットによる変化でもありません。

さらに他のデータも確認すると、水道料金と同時にガス料金も増加していることが分かりました。そこで実際にその店舗に確認に行きました。そこで聞き取り調査をしていると、この店舗が入っている建屋のオーナーが臭い対策に特別厳しいことが分かりました。そのため厨房からの排気を温水と接触させるウォータースクラバーという設備の使用が義務付けられていたのです。

ウォータースクラバーは排気の臭いを消す装置ですが、通常は臭いが強い設備でも常温の水を使用します。ところがこの店舗では温水を使用していたので驚きました。なぜなら臭いは温水の方が吸収しないため逆効果だからです。そのため、臭いの強い工場などでも常温の水を使用しています。そして蛇口を確認すると、案の定緩んでいたことが分かりました。誰かが触っていたようでした。

次の数字管理として、飲食店では永遠の課題とされている現金不足をターゲットにしました。帳簿上の現金と実際の現金が一致していないのです。飲食店に限らず現金を扱う商売では必ず出てくる問題なのですが、ほとんど精神論の対策しか取られていません。「気をつけろ」です。しかもこの問題は責任者を責めると隠蔽するようになります。そのため、新たな対策が必要でした。また、犯人捜しをすると、これもまた組織の崩壊につながりやすいのです。

この頃、自動釣り銭機があることを知り、早速テスト導入しました。すると見事に現金の過不足が生じなくなったのです。自動釣り銭機が有効であると分かり、全店舗に導入しようと考えたのですが、実行できなくなりました。ＰＯＳシステムの切り替えのタイミングに合わせることにしたためです。

10の改善プロジェクトをこなせたのは誰か

新たな試みとして次に示す10のプロジェクトを準備し、9月にスタートさせることにしました。夏休みはレストランの繁忙期になるためです。各地区長がプロジェクトリーダーになります。

①視覚化、動画活用など

動画化による作業と教え方の標準化。

②キッチン作業の改善

オーブンの条件（温度）を変えることによりオペレーションの負荷の軽減を狙う。キッチンのキャパシティーに関する理解が深まる。

③準社員評価の標準化

準社員の昇格のばらつき解消のためにスタンダードをつくり、アルバイトの定着率向上を狙う。

④外部へのアピール法開発

タペストリー（壁に掛けるタイプ）やバナー（窓に貼るタイプ）活用による、商品訴求法の評価。未知の領域の知見を増加させるための実験を行う。

⑤新機能機器評価

自動釣り銭機導入による作業改善評価。現金管理の仕組みづくりのための予備実験。

⑥非生産作業簡略化

開店準備作業の改善による非生産時間の短縮。実験の仕方の習得。

⑦マネジメント力強化

形骸化している週報の記録内容の変更。週報の必要性の理解と文書化の意義の理解。

⑧募集方法の検討

募集費のコストパフォーマンスの向上を目的として、媒体を変えるなど各種方法を実験。タウン誌掲載など方法が固定されているので新しい方法を評価し、募集のコストパフォーマンスを改善する。

⑨使うための数表づくり

決まった形の数表しか作成しておらず活用もしていない。何を知りたいかを明確にして、それに適した数表を検討する。

⑩設備の改良提案

ドリンクバーなど最初に作られてから変化がない。作業を楽に、お客様が使用しやすい設備案、使用済みの食器を置く場所の改善の提案を検証する。

これらのプロジェクトをすべてこなしたのは結局私でした。従って最も私が成長したので、後に大いに役立ちました。

誰も知らなかった店舗の浸水対策

店舗回りには自分で車を運転していました。自宅から焼津まで180キロありましたが、日帰りで視察することも多かったのです。年間走行距離は8万キロに達し、ブラジル時代に匹敵する走行距離です。通勤時も自分で運転していましたから、5年間で車を2台乗りつぶし、それぞれの走行距離が20万キロを超えていました。

店舗回りは当初、スケジュールをオープンにしてエリアマネジャーの運転で移動していたのですが、すぐにスケジュールを知らせずに自分で運転して抜き打ち訪問を行うようになりました。週単位の数値を見て気になる店舗を選んで見に行くようにしたのです。

抜き打ちにすれば、本当の姿を見られるだろうと考えたのですが、これは私の思い違いでした。事前に知らせておいても誰も隠し事をしていなかったのです。取締役や事業部長という肩書きへの忖度はありませんでした。

それどころか新店舗開店の時に立ち会いに行くと、1日中レジに立たされて、昼食を取る順番も私が最後でした。たしかに手伝えるところと言えば、レジくらいではありましたが。それで忙しくなってくると「キャッシャーお願いします」と言われていました。裏では私のことを「キャッシャーおじさん」と呼んでいたようです。これほど気を使ってもらえないのは社風なのか私のキャラクターなのか分かりません。

また、担当エリアに大雨が降ると必ず浸水する店舗がありました。そこでは常に土のうが用意されていたのですが、根本的な解決方法はないのだろうかと大雨が降ったときに見に行きました。確かに雨が激しくなるにつれ浸水し始めましたので、スーツ姿ではありましたが、びしょ濡れになりながら雨水の流れを観察しました。すると、店舗が建っている場所が敷地内で最も低い位置であることが分かりました。当然、回りの水が流れ込んでたまっていきます。浄化槽はなぜか一段高いところに設置されていたので、水が流れ込みません。

このように低い位置に建っているのは分かっているのに、なぜ対策が採られていなかったのだろうかと店舗の周辺を調べると、複数のハンドホールがあります。人が入れるのがマンホールで、手を入れられるのがハンドホールです。直径が10センチほどの丸い蓋です。そこで店舗設備の担当者に電話して、この店舗のハンドホールは何のためにあるのか確認しました。すると排水設備であることが分かったのです。

言われたとおりに開いてみると、見事に水が排水されて、店舗の浸水を防ぐことができました。誰もハンドホールを見ていなかったのです。こうして浸水問題は解決したのですが、それにしても気になったのは、私がずぶ濡れになって浸水問題を解決しようと歩き回っていても、地区長は店内で暇そうにしていたことです。様子をうかがいに来ることすらありませんでした。

肩書きに忖度しないたくましきスタッフたち

このような調子で、私が現場を理解するのにそれほど時間はかかりませんでした。上長への気づかいが無いことについては、特に何も言いませんでした。というのも、会社のお偉いさんよりお客様を大切にしている姿勢は感じられたので、そちらの方がありがたいと思ったためです。ただ、会議などでは緊張していることを感じました。つまり現場では偉いのはお客様だけになるのでしょう。

また、月に一度は店長会議が行われていました。会議の後はスポーツを行うのが定例でしたので、私もそれに従って参加していました。4エリアごとのチームと私のチームの5チームで戦っていました。私のチームは各エリアからメンバーを集めていました。

メンバーの集め方は露骨で、エリアマネジャーは負けず嫌いが多かったので、皆勝つためのメンバーを集めていました。そして私のチームにはスポーツと縁のないメンバーをよこすのです。この忖度のなさは爽快でもあります。

あるときソフトボールの試合がありました。私のチームが守りで私がピッチャーをしていました。打たれたボールをキャッチして投げても必ずヒットになることが分かっていましたので、ゴロを取っても投げずにボールを持ったままベースにタッチしてアウトにします。できるだけゴロを打たせるようにしていれば、勝機がないとも限らないと見ていました。その作戦が効をなして良い勝負をしていました。

またあるときはフットサルの試合がありました。私がキーパーをすると、雨あられのような激しいシュートが繰り出され、役員に対しても全く手加減してくれないことがよく分かりました。

ここの従業員はたくましい——と感じます。酒の席でも同様です。役員の前でも平気で口げんかが始まります。それで私は、サイゼリヤの店はしっかりとした良い店になるだろうと逆に評価したものです。

そうは言っても、彼・彼女たちには色々と教える必要があると考え、特にマネジャーは作業を極めるのではなく、考える力を身に付けてほしいと思いました。それで考える基本となる技術を教えることにします。サイゼリヤでは「観察・分析・判断」の実践が推奨されていましたが、具体的な技術や方法などは教えられていなかったのです。そこで私はロジックを組むためのフォーマットなどを考案してみたのですが、使われている形跡はありませんでした。

「もっとその前にやるべきことがありそうだ」。そう思い、自分が読んだ本の中から興味を持ってもらえそうな本を工場の会議室のロッカーに置いて、貸し出すようにしました。

マネジメント関係が多かったと記憶しています。するとなくなっている本がありましたので、借りてくれる人がいたのかと思ったのですが、本が返されることはありませんでした。

改めて「観察・分析・判断」を実践するように伝えます。一般的にはＰＤＣＡサイクルが有名ですが、私は前職の新人研修で教えられたＳＴＰＤ（See, Think, Plan, Do）サイクルを勧めました。私がＰＤＣＡよりも好んでいたためです。業務を計画する習慣は重要ですが、マネジャーにとって計画といえば店舗での稼働計画であり、どの作業に誰を張り付けさせるかをイメージしてしまうのです。ＳＴＰＤサイクルにすれば、まず観察しなければならないので、徐々に問題解決の計画に変わっていくだろうと期待しましたが、変わりませんでした。なかなか一筋縄ではいきません。

「あなたはマキシム・ド・パリに行っても書類を広げますか？」

事業部では初めて経験することがとても多かったのですが、特に印象深かったのがクレーム処理でした。前職でメーカーでのクレーム処理は非常に大変であると聞いていましたが、レストラン業ではだいぶんイメージが違っていました。

ＢtoＣビジネスでは、自分たちで責任を負えるため、変な要求には応じません。うかつに迎合すればそのお客様がモンスターに変身する可能性があるためです。そうならないためにも、主張すべきは主張しなければなりません。

クレームの中には店長や地区長、エリアマネジャーでは手に負えないほどのクレームもあります。私が電話で対応したクレームもそのような類いでした。あるクレームは、「私は会社を経営している者ですが」から始まりました。女性からです。その人の直接のクレームではなく、自分の娘が店で勉強をしていたらやめろと言われたというものでした。「なぜ、勉強してはいけないのか」と言います。自分が書類を広げても注意されたことはないのに、なぜ娘だけが言われるのか。

娘というのは女子高生で、その母親からのクレームでした。話を聞いていると、勉強してはいけないなどとどこにも書いていないことを問題視されていたのです。「書いてありますよ。看板にレストランだと」と私は答えました。「あなたはマキシム・ド・パリに行っても書類を広げますか？」と続けると、「もういい」と電話を切られました。まさかこのように反論されるとは思っていなかったのでしょう。

恐らくこのお母さんは、娘からの信頼を得る手段としてクレームを出すことを利用したのでしょう。つまり、親子関係がよろしくないことのとばっちりなのです。このようなクレームは多いのですね。

また、何に対して謝罪すればいいのかを聞いていくうちに、自分がなぜ怒っていたのかを忘れてしまう人もいました。

最後の例ですが、「お前の会社は取締役が本当に出てくるのだから」と満足して終わるクレームもありました。要するにぼやきたかったのです。常日ごろからご自身がクレームを受けている立場の人だったのかもしれません。逆に教えられることもありました。私が「お客さん」と言うと、「お客様だろ」と注意されました。それはそうだと。思えば私自身、そのような教育を受けたことがありませんでした。

これらの体験をして、直接クレームを受けてみるのも年に数回なら面白いかなと思いました。ほとんどストレスを感じなかったためです。

自分の面倒見のよさに気付く

次に、労務関係も色々と施策を行いました。まずは人を知るために、地区長以上の約30人と面談をしました。1on1です。マネジャーなどは現場の労働力でもあるので、2カ月前には日程を決めなければなりません。

面談では進路申告をしてもらいました。とはいえ、面談でいきなり尋ねても答えられないでしょうから、私が中長期進路申告シートという4つの項目を盛り込んだフォームを作成して事前に配布しました。1番目には最終的にどの職種・職能で働きたいか。2番目には30代前半・30代後半・40代前半・40代後半の各年代で経験したい職種・職能は何か。3番目には受けたい教育にはどのようなものがあるか。そして4番目にはその他に申告したいことを記入してください、しかもプライベートなことでも構いません、という項目を用意しました。

これらに記入してもらった進路申告シートをベースに面談したのです。この面談で判明したことは、皆、どのような仕事があるのか見えていなかったことです。しかし面談で話をしているうちに、方向が見えてきて、ほとんどの人はその時に見えた進路に進んでいるはずです。なぜなら、私が社長に就任してから色々な組織をつくる際には、このときの面談で分かった皆の希望を参考にしたためです。こうして振り返ると気付くことがあります。私は面倒見がよくて優しいのだなと(笑)。

オペレーション改善部門を新設

再び社長に呼び出されます。「もう店はいいから店舗開発にいってくれ」と言われます。しかし私はそれをお断りして、「オペレーション改善の部署をつくりたい」と申し出ました。今はまだ誰もやっていない仕事が面白いだろうと思ったのです。ちょうど色々なプロジェクトを経験したので、その経験が生かせますし、オペレーション改善の部署がないと企業として行き詰まるだろうと考えていました。

この申し出が了承されたので、エンジニアリング部を設立しました。最初のメンバーとして事業部から2人連れ出します。1人は明るさと人懐っこさがありますが、評価の低いエリアマネジャーのBさん。もう1人はサッカーのレベルは高いけれども全くしゃべらず目標を見失っていた地区長のCさんを選びました。スポーツであれなんであれ、極めたことがある人は何かを持っているだろう、このように目標を見失っている人でも育成の仕方次第で生まれ変わるところが見たいと考えたのです。

彼らはまず、本を買い込んでいる様子でした。どのような本を買っているのか見てみたら、コンピューターのキーの打ち方やチャート式の化学でした。私へのアピールだとしても悪い方向ではないと思えます。私からは、彼らの力量を見ながらテーマを与えていきました。最初は事業部時代に担当していたプロジェクトの継続で、開店準備作業の短縮です。おおよその実行案は出来上がっていましたが、まだオペレーターの頑張りに期待している部分が多かったのです。

そこで2つのことを実施してもらいました。1つは機能分析の実行で、もう1つは改善の展開方法のフロー作成です。機能分析とは、各作業は何のためにやっているのかを考えることです。つまりその作業にはどのような機能があるのかを考えると、今までとは違った考え方ができるようになることを知ってもらいます。

例えば掃除機による掃除を取り上げてみます。最初はゴミを吸うことを機能と考えます。しかし色々な言い方を試しているうちに、「ゴミを移動すること」が掃除の機能だと捉えられるようになります。「ゴミを吸うこと」は機械の動作を示しているにすぎないことが分かるのです。

「ゴミを移動すること」が機能だと捉えられるようになると、発想の量が一気に増えることが実感できます。ゴミを移動するのであれば、モップでもいいではないかとか、モップの幅を広げれば導線が短くなるなどです。この改善手法は面白いということで、私が社長になってから雑誌などでも取り上げられました。

次に展開方法のフローですが、一般的にプロジェクトはどのように展開するのかをフロー図に描かせるのです。当然、今までフロー図など描いたことがありませんから、私が想定していた10倍以上の時間がかかりました。完成度は低かったのですが、害にはならないので完成したフロー図に従って実行させました。その段階でどこに問題があるのかに気付けばもうけものだと考えたのです。

エンジニアリング部の成果として、開店準備作業の改善が行われました。そこで無口だったCさんには各地区へ行き、新しい開店準備作業を説明してもらったのです。最初はとても嫌がっていましたが、数をこなすうちに説明が板に付いてきました。それは彼が自信を付けた表れです。ただ、驚いたことに彼らに対する周りの評価は上がっていないようでした。人を評価する指標がないのですね。この点は大きな課題として残りました。

「できない」が「やらない」に変わっていたカーテン洗浄

ところで私が店舗回りをしていた時に嫌だなと思って気になったことがありました。窓に取り付けられているロールカーテンが汚れていたのに誰も気にしていなかったことです。洗い方のマニュアルは存在していたのですが、実施できている店舗はありませんでした。特にショッピングモールやビルに入っている店舗ではカーテンを洗浄できるスペースがバックヤードに確保できません。広さが足りていても防水処理が施されているスペースがないとやはり洗浄できません。

そのような店舗が増えるに従って、「できない」が「やらない」に変わっていたのです。しかも成長期でお客様が右肩上がりで増え続けていました。そのためカーテンのきれいさと来店者数の相関関係はもはや確認できない状況になっていました。そうはいってもカーテンがきれいであることは当たり前のことであえて評価されませんが、汚れていればネガティブな評価を受けるものです。しかし清潔な状態を保つクリンリネスの基準は人により大きく異なります。増え続けているお客様の何%かは不快感を持っているかもしれません。

きれいさと来店数の相関関係が見えなくても、「安かろう悪かろう」のレッテルを貼られるとリカバーが大変になるので、カーテンを洗うべきだと判断しました。そこで限られたスペースでもカーテンを洗える器具を作りました。私がアイデアを出してエンジニアリング部のメンバーにプロトタイプを作製してもらったのです。プロトタイプは1日に1枚しか洗浄できませんでしたが、想像以上の効果がありました。当時はまだ飲食店で喫煙できましたので、タバコのヤニ汚れがかなりあることも分かりました。なかなかに優れた器具だったのですが、日の目を見ることがありませんでした。結局、ロールカーテンの使用自体をやめることになったためです。

利益構造を把握せよ

次に利益構造の理解を深めてもらうために商品別利益の出し方を学んでもらうことにしました。商品別利益というのは原料購入費から店舗でのオペレーションコストまでを含めた利益です。つまり、一つの商品が生み出す利益を算出するのです。

商品別利益を出すには、色々な数値を集める必要があります。オペレーションコストについては既に作業時間などからＩＥ分析と呼ばれる論理的な計算がされていたので、そのデータも活用して時間を短縮しました。ＩＥ分析が行われていたのは、一時的でしたが業務システム部があったためです。ただ、業務システム部はリーダーが退職したことで引き継げずに消滅していました。

商品別利益を算出するための時間を短縮して1週間ほどで終えるもくろみでしたが、結果的には数カ月も要してしまいました。このような調子で何事も時間がかかっていましたが、特にいら立つようなことがなかったのは、教育者の視点で見ていたからかもしれません。

時間がかかる原因として、常にアウトプットのイメージが明確ではなかったためでもあります。なかなか皆が同じイメージを共有できないため、私もどう説明すればよいのか分からなくなって説明が雑になってしまうこともありました。

長期計画策定プロジェクト発足

そこで色々な定型フォームを用いる経験を増やすため、久しぶりに長期計画の策定プロジェクトを発足します。メンバーは4～5人に絞りました。缶詰状態にしたかったので、合宿場所の選定から始めました。以前、新事業の合宿を葉山マリーナで行ったのですが、結局翌日の早朝から私が釣りをして遊んでしまったので、今回は上海で行うことにしました。お気に入りの料理店の一室を貸し切りにしてもらい、昼食と夕食を食べれば場所代は取らないという契約を交わしました。ホワイトボードも持ち込みました。このときは上海サイゼリヤの社長がすべて取り仕切ってくれました。

上海サイゼリヤはこの頃、20店舗あり業績は非常に好調でした。この海外事業の臨場感もメンバーには感じてもらい、それを長期計画に反映させることも上海を選んだ理由でした。しかし、本当の狙いはその店の中華料理でした。私が食べたかったのです。昼食と夕食を連続して食べられる機会はそうそうありませんから。

長期計画の発表にはＰＥＳＴ分析やバリューチェーン分析、３Ｃ分析、ＣＦＴ分析、ドメイン分析、ポートフォリオ分析、戦略キャンバス、そして所得別人口予測などの定番と言えるフレームワークを使用し、各分析手法の活用方法と考えの整理の仕方を理解してもらいました。この勉強会以降、毎年中期計画のチームを結成して米国に行き、チェーンストアを視察しながら計画を作成することが恒例となりました。

しかし1日に8店舗ほどの飲食店を回って試食もするため、ハンバーガー店が続くとトーンが落ちていく地獄の研修です。私はコーディネーターから健康上の心配があるのであまり食べないように注意されていましたが、それなりに楽しんでいました。このときに連れて行くメンバーは、海外事業所の社長候補者たちでしたが、その後、新型コロナウイルスの感染が流行したのをきっかけに、中断してしまいました。

プレジデントブルー

２００７年と２００８年に外資系証券会社とデリバティブ取引契約を結びましたが

リーマン・ショック後の円高豪ドル安で巨額の損失を被ってしまい、２００９年８月期決算ではデリバティブ契約の解約金として１５３億円の損失を計上しました。この決算を少し過ぎた２００９年１月４日に、また社長から呼び出されました。次はどこに行くことになるのか、と思って社長に会うと、「４月から社長をやりなさい」と言います。

この宣告を受けたとき、自分でも信じられない反応をしました。全く喜びの感情が湧かず、むしろ激しい憂鬱が押し寄せてきたのです。これまでの図々しさからは想像していなかった変化で、自分でも驚きました。原因は明らかです。これまでに出会った従業員たちの顔がよぎったのです。既に準社員を含めれば３万人ほどの生活を背負わなければならないと感じたのです。しかも一人ひとりに家族もいます。巨大な重圧がのしかかってきました。「社長とはこれほど責任が重いものなのか」

全く喜べませんでした。数日後、やや冷静さを取り戻した私は、この憂鬱さを「プレジデントブルー」と名付けました。どうしたらいいのか、ものすごく悩みました。この状態は１カ月以上続くことになりますが、サイゼリヤの社長からかけられた次の言葉で霧が晴れるように憂鬱さが消え去りました。

「会社は潰してもいいからな。世の中が必要と考える会社であれば、誰かが続けてくれるんだよ」

ちゃんとしていれば、いなくなるのは自分だけで、会社は残るのですね。吉野家も倒産していますが、会社は残っています。プレジデントブルーから立ち直ると、3月から前倒しで事実上の社長をやれと言われます。引き継ぎはありませんでした。もともと私がＩＲを担当していたので、会社の状態は頭に入っていました。

社長に就任すると、ＩＲの説明をしているときに偉そうにしている株主に対して、「この人たちはいったい何だ」と思いました。私はこの人たちから一銭も受け取っていません。例によってアナリストとも1on1のミーティングがありましたが、とにかく失礼な質問が多かった。私が「こんな細かい数字をどうするんだ」と言うと、「私は忙しいのです」と言うので、「オレも忙しいんじゃ、アホ！」などとも言いました。頭にきたので証券会社に二度と来るなと言うと、証券会社は引いていきました。その結果、なんとか我慢できる人たちだけが残りました。

他の会社のベテランの社長さんたちは、このような態度を示すことができずにＩＲをやめる方向に行くのです。私は、ＩＲは続けるけれども、メンバーは選ばせてもらうぞと言っていました。その後は財務や経営企画の部門を立ち上げて、そこのメンバーたちに数字の説明をさせるようにしました。私は戦略などの大きなテーマに答えるようにしたのです。

こうして私は図々しさの結果としてサイゼリヤの社長になり、その後13年間務めることになりました。

おわりに

最後までお読みくださり、ありがとうございます。

私の子供時代からサイゼリヤの社長になるまでの歩みを大急ぎで振り返ってみましたが、いかがでしたでしょうか。「随分といいかげんなやつが大層な出世をしたものだ」と驚かれたでしょうか。あるいは、「この人には天才的な頭脳と鋭い勘が備わっていたからこそ、幾つもの困難を軽々と飛び越えてこられたのだ」と思われたでしょうか。

私はいいかげんではありますが、天才的な頭脳も鋭い勘も持ち合わせていません。「コツ」さえ分かれば誰でもできることをしてきただけです。その「コツ」とは、「リミティングビリーフを破壊すること」です。リミティングビリーフ（Limiting belief）とは、自分の能力に蓋をしてしまう思い込みのことです。

多くの人は、自分にできないことを「事実」として思い込んでしまっています。過去の経験や身に付けてきた知識、あるいは周りの人たちから言われた言葉などから自分のリミティングビリーフを勝手に決めてしまっているのです。

例えば次のようにつぶやいてしまっていませんか?

「私はどうせ○○だから○○なんて無理」

能力がない、苦手だ、下手だ、と思っていることの多くは、ただ「やり方が悪かった」か、「やり方を知らなかった」だけかもしれません。多くの人は、「そんなこと自分にはできない」「私にはあの人みたいな能力はない」などと思ってしまい、やってみる前から挫折してしまっているのです。これは非常にもったいないことです。

本書に書いたとおり、私はすごい人をリスペクトしますが、「自分は駄目だ」などとは思ったことがありません。すごい人がいても、「自分はもっと他の面白いところで勝負しよう!」と考え、全く劣等感に結びつくことはありませんでした。自分を信じていたからです。

本書ではこの自分を信じる状態を「図々しい」と表現しました。「図々しい」という言葉が最も近いのでそう書いていますが、私がお伝えしたい「図々しい」は、とても前向きに、自分の能力を引き出す手段なのです。

さぁ、これからはあなたも誰にも遠慮せずに、「自分にはできる！」と図々しく思うようにしましょう。そうすれば、たくさんの可能性が見えてくるでしょう。

堀埜 一成

著者プロフィール

堀埜 一成（ほりの・いっせい）

1957年、富山県生まれ。京都大学農学部、京都大学大学院農学研究科修了。81年、味の素に入社。87年、ブラジル工場へ出向、超ハイパーインフレを経験。98年、同社発酵技術研究所研究室長。2000年、サイゼリヤ正垣泰彦より生産技術者として口説かれ、株式会社サイゼリヤに入社。同年、取締役就任。2009年、同社代表取締役社長に就任、2022年退任。食堂業と農業の産業化を自らのミッションとし、13年の在任期間で急速成長後の基盤づくり、成熟期の技術開発など独自の感性で会社の進化をけん引する。

堀埜一成オフィシャルサイト
horino-official.com

サイゼリヤ元社長がおすすめする図々しさ
リミティングビリーフ　自分の限界を破壊する

2023年5月8日　第1版第1刷発行

著　　者	堀埜 一成
執筆協力	地蔵 重樹
装　　丁	bookwall
発 行 者	森重 和春
発　　行	株式会社日経ＢＰ
発　　売	株式会社日経ＢＰマーケティング 〒105-8308　東京都港区虎ノ門4-3-12
制　　作	マップス
編　　集	松山 貴之
印刷・製本	図書印刷

Printed in Japan
ISBN978-4-296-20202-7